Oratória para

LÍDERES RELIGIOSOS

Reinaldo Polito
& Rachel Polito

Oratória para LÍDERES RELIGIOSOS

Como transmitir mensagens que cativam e inspiram

Academia

Preparação: Maria A. Medeiros
Revisão: Elisa Martins e Huendel Viana
Diagramação: Maurélio Barbosa | designioseditoriais.com.br
Capa: Luiz Sanches Junior

CIP-BRASIL. CATALOGAÇÃO NA PUBLICAÇÃO
SINDICATO NACIONAL DOS EDITORES DE LIVROS, RJ

Polito, Reinaldo
Oratória para líderes religiosos / Reinaldo Polito e Rachel Polito. -- São Paulo : Planeta do Brasil, 2017.
176 p.

Bibliografia
ISBN: 978-85-422-0937-2

1. Fala em público - Aspectos religiosos 2. Oratória - Aspectos religiosos 3. Pregação 4. Liderança 5. Comunicação oral I. Título II. Polito, Rachel.

17-0127 CDD 808.51

Índices para catálogo sistemático:
1. Oratória - Aspectos religiosos

2017
Todos os direitos desta edição reservados à
EDITORA PLANETA DO BRASIL LTDA.
Rua Padre João Manuel, 100 – 21º andar
Ed. Horsa II – Cerqueira César
01411-000 – São Paulo-SP
www.planetadelivros.com.br
atendimento@editoraplaneta.com.br

Às princesas

Leticia

Louise

Rafaela

Agradecemos
a Marlene Theodoro Polito, que nos ajudou muito
com suas sugestões tão importantes.
A Cesar Romão, que nos aproximou da Editora Planeta.
A Deepack e Ana Paula, que lá no início das nossas pesquisas
nos presentearam com a obra de Spurgeon.

SUMÁRIO

Introdução

Qual é a sua crença? Para pôr em prática os ensinamentos deste livro, não importa onde você esteja pregando ou pretenda pregar, já que sua missão será sempre a de um disseminador fiel da palavra de Deus. Nos capítulos a seguir você encontrará a orientação de que precisa para aprimorar a comunicação e se tornar cada vez mais competente em suas pregações.

Os exemplos que serão dados não levam em consideração uma ou outra fé, mas sim o que eles representam para que a técnica da pregação seja mais bem compreendida e assimilada.

Qual é o melhor estilo para o pregador? Deve ser midiático, cantando, dançando, tocando instrumentos, como alguns que fazem muito sucesso em suas pregações radiofônicas ou televisivas? Deve ser conservadora, como outros que seguem as tradições mais rígidas?

Há críticas e elogios para todos que se dedicam a uma ou outra forma de comunicar a palavra do Senhor. Essa diferença de estilo de pregação não é nova. Se analisarmos, por exemplo, quatro grandes pregadores da história, os contemporâneos do século XVII Antônio Vieira e Manuel Bernardes, e, antes deles, Martinho Lutero e João Calvino no século XVI, vamos constatar que seus estilos de pregação eram tão diferentes como a água e o vinho. Vieira e Lutero com seus voos oratórios, encantando as multidões pela forma eloquente de se comunicar e pela estrutura admirável de seus textos, até que poderiam ser comparados aos pregadores mais midiáticos que temos hoje. Bernardes e Calvino com suas ações reflexivas e rigidez de conduta, também envolvendo e influenciando as gerações que se sucederam ao longo desses séculos, poderiam ser comparados aos pregadores mais conservadores do nosso tempo.

Este livro não irá defender um ou outro estilo de pregação. Se o pregador se ativer à palavra de Deus e em tudo recomendar que o exemplo de Cristo seja seguido, não apenas tentando agradar àqueles que o procuram, mas fazendo com que as pessoas ouçam, respeitem e sigam os ensinamentos de Nosso Senhor, independentemente de ouvirem o que lhes seja ou não agradável, terá cumprido sua missão de pregar.

No estudo e no aprendizado da oratória, quase sempre há nos primeiros momentos um processo imitativo. Não raro observamos entre nossos alunos, logo após as primeiras aulas do curso, um ou outro discurso com frases e até pausas e tom de voz semelhantes aos de algum grande orador que tenhamos mencionado como exemplo. Não nos incomodamos. Sabemos que essa fase é, de maneira geral, passageira, até que cada um encontre seu próprio norte para falar em público. Bons modelos devem ser observados, estudados, desde que com a finalidade de aperfeiçoar a própria oratória. Esses alunos são alertados, entretanto, de que, se alguém se preocupa em imitar as características de outro orador, por mais que aprimore sua forma de se expressar, conseguirá no máximo ser uma boa cópia. Se, por outro lado, insistir na descoberta do seu próprio estilo, atingirá, sem dúvida, o melhor nível de comunicação a que poderia aspirar.

Na oratória sacra, todavia, há um modelo que deve ser perseguido com obstinação e jamais abandonado – o de Jesus Cristo. Não houve, não há e jamais haverá pregador que se iguale a ele, muito menos que o suplante. Passados tantos séculos, ao lermos qualquer uma de suas pregações, se nos perguntarmos quem poderia ter feito melhor, a resposta será sempre uma só: ninguém! Jesus Cristo foi o melhor pregador de todos os tempos.

Paulo deixa clara a importância de imitar o Mestre. Sendo ele um seguidor em tudo de Cristo, se também fosse seguido, estariam todos seguindo o Senhor:

"Tornem-se meus imitadores, como eu o sou de Cristo." (1 Cor 11:1)

João Crisóstomo, atendendo a esse apelo, conclui assim o sermão "A grandeza do apóstolo Paulo":

> Não nos coloquemos tão somente a admirá-lo, ou fiquemos apenas impressionados com ele, mas o imitemos para que também nós, quando partirmos, sejamos contados dignos de ver e compartilhar a glória indescritível, a qual Deus conceda que todos alcancemos pela graça e amor para com o homem de nosso Senhor Jesus Cristo, por quem e com quem seja a glória do Pai, com o Espírito Santo, agora e eternamente. Amém.[1]

1 Macartney, Clarence E. *Grandes sermões do mundo*. Rio de Janeiro: CPAD, 2015, p. 35.

Assim, todos os aspectos da boa pregação que serão discutidos em nada deverão se afastar do exemplo de Cristo. Este deve ser o objetivo, a grande meta: pregar como Jesus Cristo, autêntico instrumento da palavra de Deus, Aquele que deve sempre ser imitado e seguido.

Eu e a Rachel Polito escrevemos este livro a quatro mãos. Escrevo este trecho na primeira pessoa para fazer um comentário que considero especial para explicar nossa ligação com a oratória sacra. Posso dizer com orgulho que os estudos que ela empreendeu na arte de falar em público foram influenciados por mim. Nestes mais de quarenta anos em que tenho atuado como professor de oratória, ela esteve a meu lado em mais de vinte deles. Desde que era menina, Rachel me ouve falar de Vieira, Manuel Bernardes, Bossuet, Lutero, Calvino, La Bruyére, Lacordaire, Crisóstomo. Aprendeu a compartilhar comigo desde cedo a importância desses mestres da oratória sacra.

Além dos estudos que fiz com o professor Oswaldo Melantonio, com quem aprendi a lecionar, e em cuja escola atuei como professor durante sete anos, os livros de eloquência sagrada foram meus guias no aprendizado da oratória. De todos os oradores sacros, entretanto, um me encantou profundamente: Francisco do Monte Alverne.

Tanto assim que, como membro fundador da Academia Araraquarense de Letras, ao escolher o patrono da cadeira 36, que passaria a ocupar, não tive dúvidas em optar pelo nome de Monte Alverne. A vida desse pregador franciscano sempre me comoveu e passou também a comover a Rachel. Foi um dos maiores oradores sacros da história brasileira. Nasceu no Rio de Janeiro em 9 agosto de 1784 e faleceu no dia 2 de dezembro de 1858. Passou a ocupar o posto de

Pregador Real em 1816, e do púlpito encantou gerações. O que há de especial na vida desse extraordinário orador?

Depois de pregar com brilhantismo por duas décadas, em 1836 ficou cego e se recolheu no silêncio da sua cela. Não queria mais ir ao púlpito por não poder enxergar aqueles que acorriam para ouvi-lo com admiração. Permaneceu assim por dezoito longos anos, até que d. Pedro II o convidou para pregar em uma importante cerimônia. Monte Alverne não pôde dizer não ao pedido pessoal do imperador para pregar o sermão de São Pedro de Alcântara. Em 1854, a notícia de que Monte Alverne, que por causa da cegueira havia muito tinha se afastado do púlpito, voltaria a pregar empolgara uma multidão que disputou um lugar para ouvi-lo. Lúcio de Mendonça, que fora levado à igreja pela mão de Joaquim Manuel de Macedo, descreve o que viu, segundo relato de Roberto Belarmino Lopes, na obra *Monte Alverne, pregador imperial*:

> O recinto do templo, que já estava regularmente cheio, tornou-se dentro em breve tão apinhado de gente que era difícil respirar [...]. Embaixo, com os olhos cravados na língua majestosa do ancião, cuja fama enchia todos os lares brasileiros e cujas orações mais célebres sabiam de cor, atônito e a ouvi-lo, passando por todas as gradações da admiração e do pasmo, eu o encarava quase com pavor, como se estivera diante de um ente sobrenatural. O seu exórdio arrancou lágrimas à maioria da audiência e pelo corpo correram-me calafrios ao ouvir-lhe as palavras cheias de saudade com que recordava as suas glórias passadas [...]. Com sua voz sonora e plangente, como um dobre de sino distante, aquelas duas palavras – "É tarde!" – soaram como um lamento de uma consciência pura

> diante do destino inevitável, e a referência aos "bardos do Tabor", repassada da mais funda melancolia, comoveu de tal arte os assistentes que não só se lhes viu como também se lhes ouviu o pranto.[2]

Impossível não se emocionar ao ler este exórdio daquele pregador cego que, com enorme sofrimento, havia por tanto tempo se afastado de tudo e de todos. Sempre volto a este sermão. E sempre me emociono com sua leitura. Imagine como se sentiram os que lotaram aquele templo ao ouvir esta comovente pregação:

> Não, não poderei terminar o quadro, que acabei de bosquejar: compelido por uma força irresistível a encetar de novo a carreira que percorri 26 anos, quando a imaginação está extinta, quando a robustez da inteligência está enfraquecida por tantos esforços; quando não vejo as galas do santuário, e eu mesmo pareço estranho àqueles que me escutam, como desempenhar esse passado tão fértil de reminiscências? Como produzir esses transportes, esse enlevo com que realcei as festas da religião e da pátria? É tarde! É muito tarde! Seria impossível reconhecer um carro de triunfo neste púlpito, que há dezoito anos é para mim um pensamento sinistro, uma recordação aflitiva, um fantasma infenso e importuno, a pira em que arderam meus olhos, e cujos degraus desci só e silencioso para esconder-me no retiro do claustro.[3]

---

2 Lopes, Roberto Belarmino. *Monte Alverne, pregador imperial.* Petrópolis: Vozes, 1958, pp. 112-13.

3 Monte Alverne, Francisco do. *Obras oratórias.* Rio de Janeiro: Garnier, s.d., p. 407.

São essas referências que nos fascinam e nos instigam a pesquisar e a refletir sobre os segredos da oratória sacra, que poderão fazer de cada pregador um eficiente arauto da palavra do Senhor para disseminar sua mensagem onde haja uma pessoa disposta a ouvi-lo. Como nos ensina a parábola do semeador em Lucas 8:4-8:

> Reunindo-se uma grande multidão e vindo a Jesus gente de várias cidades, ele contou esta parábola: "O semeador saiu a semear. Enquanto lançava a semente, parte dela caiu à beira do caminho; foi pisada, e as aves do céu a comeram. Parte dela caiu sobre pedras e, quando germinou, as plantas secaram, porque não havia umidade. Outra parte caiu entre espinhos, que cresceram com ela e sufocaram as plantas. Outra ainda caiu em boa terra. Cresceu e deu boa colheita, a cem por um". Tendo dito isso, exclamou: "Aquele que tem ouvidos para ouvir, ouça!".[4]

Sempre haverá aqui e ali "uma boa terra" para que o pregador possa transmitir a essa pessoa a palavra de Deus. Essa é a missão daquele que prega: ter preparo e competência para transmitir no momento oportuno a palavra certa a todo aquele que precise e deseje ouvi-la.

O pregador deverá estar pronto, preparado para levar a mensagem do Senhor sem escolher o terreno onde cairão as sementes. Se a terra não for boa, caberá a ele prepará-la. Se houver espinhos, será sua tarefa arrancá-los. Se as pedras estiverem em seu caminho, sem titubeio irá afastá-las. Assim terá o pregador uma terra boa para que as sementes lançadas frutifiquem.

---

4 Almeida, João Ferreira de. *A Bíblia sagrada*. Rio de Janeiro: Imprensa Bíblica Brasileira, 1957, p. 9.

Veremos nos diversos capítulos deste livro quais são as qualidades e virtudes para que um pregador seja bem-sucedido no púlpito. Uma orientação objetiva e interessante foi dada por Lutero. Em poucas linhas, ele oferece nove conselhos para a palavra de Deus ser bem transmitida. É um bom roteiro para você refletir e avaliar quais são os atributos que já possui e quais precisam ser aprimorados ou até mesmo conquistados. Segundo Lutero, o pregador deve:

- Saber ensinar.
- Ter boa cabeça.
- Ser bem articulado.
- Ter boa voz.
- Possuir boa memória.
- Saber parar.
- Estar seguro do que fala e ser aplicado.
- Investir na sua tarefa de corpo e alma.
- Suportar o desprezo de todos.[5]

5 Lutero *apud* Kirst, Nelson. *Rudimentos de homilética*. São Leopoldo: Sinodal, 1985, p. 175.

A voz do pregador

Como deve ser a voz do pregador? Se dependesse do que afirma J. I. Roquete em seu *Manual de eloquência sagrada*, poucos seriam credenciados para o púlpito. Diz o presbítero qual seria a voz ideal para aquele que prega:

> Feliz o orador que recebeu da natureza um peito forte, uma voz clara, afinada, sonora, argentina, suave, flexível, penetrante, firme, expedita, robusta, varonil, e de um gênero de dignidade que corresponda ao ministério da devida palavra que com ela se anuncia!

Roquete atenua um pouco a severidade de sua exigência ao dizer em seguida: "Ainda que a reunião de todas estas qualidades seja mais para desejar-se do que para conseguir-se, sempre deve procurar-se".

Não dura muito sua benevolência, pois a seguir tira as ilusões de muitos que aspirassem transmitir a palavra do Senhor:

> Quando a natureza não nos deu uma voz, por assim dizer, pregadora, não pode adquirir-se com arte, porque

> nenhuma arte pode fazer clara e sonora uma voz naturalmente escura.

E como se desejasse de vez impedir o sonho daqueles que naturalmente não possuíssem qualidade vocal, complementa sugerindo que os pregadores não dotados de boa voz deveriam procurar outra atividade dentro da igreja. Veja como suas palavras nada tinham de complacentes:

> Isto deve ter presente aqueles sacerdotes que não dotou o Senhor de uma voz mais favorecida. Poderão estes ser bons cientistas e zelosos semeadores da palavra divina fora do púlpito, poderão ser médicos excelentes no confessionário, criativos dispensadores do pão do céu no altar, e da maior consolação à cabeceira da cama dos enfermos e moribundos; porém não poderão subir ao púlpito para pregar dali ao povo cristão.[6]

Afinal, o pregador que não tenha sido contemplado com essa qualidade de voz deve desistir do púlpito, abandonar sua vocação de atuar como instrumento para comunicar a palavra sagrada e, como disse o autor, se resignar com atividade diversa na igreja?

Primeiro, temos de considerar que Roquete fez essas ponderações no início dos anos 1850, quando não se podia contar com os recursos tecnológicos de que dispomos nos dias de hoje. Por mais frágil e descolorida que seja a voz, com os modernos microfones adquirirá, sem esforços, o volume e a força para levar com sucesso a mensagem aos ouvintes.

---

6 Roquete, José Ignacio. *Manual de eloquência sagrada.* Paris: Vª J.-P. Aillaud, Guillard e Cª, – Livreiros de suas majestades – o Imperador do Brasil e el-Rei de Portugal, 1878, pp. 373-74.

Em segundo lugar, independentemente de o orador ter voz alta e sonora ou baixa e sem muito alcance, com ou sem ajuda da tecnologia, ele terá condições de ser bem-sucedido no púlpito.

Imaginemos dois pregadores com vozes distintas e bem-sucedidos no púlpito. Um, que vamos chamar de Francisco, com voz forte, melodiosa, bem timbrada. Outro, que chamaremos de João Paulo, ao contrário, com voz baixa, sem o mesmo timbre e a mesma força. Como explicar o fato de os dois terem sucesso como pregadores?

Ambos se saem bem ao pregar porque sabem fazer bom uso da voz. Mesmo Francisco, que tem voz forte, precisa às vezes falar baixo e ainda assim ser ouvido pelos fiéis sentados em local mais distante. Se gritar ou falar baixo demais, não conseguirá interpretar de maneira adequada o sentimento da mensagem. Ou seja, o segredo da voz está na forma como é projetada pelo pregador. A maneira como ela sobe sobre os ouvintes e vai caindo nas últimas fileiras da plateia.

Da mesma forma, João Paulo, o pregador que tem voz baixa, também precisa saber projetar bem a voz. Se souber como agir, sem fazer esforço vocal excessivo, poderá transmitir sua mensagem de forma interessante a todos. Se tiver boa capacidade de interpretação, não precisará aumentar muito o volume da voz para ser ouvido.

Por que será que duas vozes com características tão distintas podem ser atraentes e tornar vitoriosa a carreira dos dois pregadores? Quem nos explica é Vieira, no "Sermão da sexagésima". Afinal, sua autoridade se assenta no fato de ter sido um dos melhores oradores do mundo de todos os tempos.

Esse sermão, pregado aos padres na Capela Real em 1655, foi uma das melhores aulas sobre a arte de pregar de que se tem notícia. A peça oratória contém tudo que se precisa saber de relevante sobre o pregador, o tema e os ouvintes. Entre todos os aspectos importantes da comunicação, Vieira fala sobre a voz.

A partir de suas reflexões, conseguimos compreender os motivos que levam duas vozes distintas como as dos dois pregadores a encantar todos aqueles que os procuram em busca de uma palavra que possa servir de remédio para suas aflições e lhes deem esperança em dias melhores, aqui na Terra ou na eternidade, ao lado do Senhor. Vejamos como Vieira trata esse tema fascinante.

O pregador defende, antes, o uso da voz forte, a de Francisco:

> Antigamente pregavam bradando, hoje pregam conversando. Antigamente a primeira parte do pregador era boa voz e bom peito. E verdadeiramente, como o mundo se governa tanto pelos sentidos, podem às vezes mais os brados que a razão.

Apoia ainda sua tese inicial em exemplos da própria história de Cristo:

> Diz o Evangelho que começou o Senhor a bradar. Bradou o Senhor, e não arrazoou sobre a parábola, porque era tal o auditório que fiou mais dos brados que da razão.

E reforça dizendo: "Perguntaram ao Batista, quem era? Respondeu ele: Eu sou uma voz que anda bradando neste deserto".

E Vieira, não contente apenas com as considerações iniciais, acentua:

> Pois por que se definiu o Batista pelo bradar e não pelo arrazoar; não pela razão, senão pelos brados? Porque há muita gente neste mundo com quem podem mais os brados que a razão.

E um exemplo para robustecer o raciocínio:

> Depois que Pilatos examinou as acusações que contra ele se davam, lavou as mãos e disse: Eu nenhuma causa acho neste homem. Neste tempo todo o povo e os escribas bradavam de fora que fosse crucificado. De maneira que Cristo tinha por si a razão e tinha contra si os brados. E qual pode mais? Puderam mais os brados que a razão.

Conclui Vieira:

> E como os brados no mundo podem tanto, bem é que bradem alguma vez os pregadores, bem é que gritem. [...] há de ser a voz do pregador: um trovão do céu, que assombre e faça tremer o mundo.

O sucesso da voz retumbante do pregador Francisco se ampara, portanto, nessas considerações de Vieira.

E a voz do pregador João Paulo, será que encontra respaldo nas palavras de Vieira? Vejamos o que ele diz em sua pregação:

> Mas que diremos à oração de Moisés? Desça minha doutrina como chuva do céu, e a minha voz e as minhas palavras como orvalho que se destila brandamente e sem ruído.

E não só, pois Vieira também se respalda em Isaías:

> Não clamará, não bradará, mas falará com uma voz tão moderada que se não possa ouvir fora. E não há dúvida que o praticar familiarmente, e o falar mais ao ouvido que aos ouvidos, não só concilia maior atenção, mas naturalmente e sem força se insinua, entra, penetra e se mete na alma.[7]

Aprendemos assim com Vieira que a voz do pregador pode ser tão eficiente no brado quanto no arrazoado. Às vezes deve bradar como Francisco e em outros momentos insinuar e arrazoar como João Paulo. Bradar para que o mundo trema à sua volta. Insinuar, falar ao ouvido e não aos ouvidos, para que chegue mais facilmente à alma.

Os cuidados com a voz

Volume

O pregador deve avaliar o local onde vai pregar. Nem sempre sua mensagem será transmitida nos lugares normais para a pregação. Pode ser que tenha de falar na casa de um fiel, em uma sala de eventos ou em espaços abertos, como quadras ou estádios. Por isso, deve observar bem como é a acústica do ambiente: se há ruídos externos que entram por janelas ou portas abertas; se há ruídos internos, como barulho de aparelhos de ar-condicionado; a que distância ficará dos últimos ouvintes; se há reverberação excessiva

7 Vieira, Antônio. *Sermões*. São Paulo: Hedra, 2000, pp. 45-46.

– problema comum em muitas igrejas, templos e sinagogas; se contará ou não com o recurso do microfone. Com o simples bater de olhos e um pouco de atenção, você, como pregador, rapidamente terá noção do volume de voz adequado para o ambiente. Assim, deverá fazer tudo o que estiver ao seu alcance para sua voz chegar a todos os ouvintes.

O ideal é falar, se a circunstância assim permitir, com volume de voz um pouco acima do normal para que as pessoas possam ouvi-lo. Desde que esse volume adicional não agrida ou incomode principalmente aqueles que estejam mais próximos, isso poderá ser interpretado como indicador de motivação, entusiasmo e interesse pela mensagem que transmite. O pregador não pode se acomodar com o volume da voz – deve falar para fora, com a certeza de quem comunica verdades importantes para a vida dos fiéis, não para dentro, como se estivesse apenas cumprindo uma obrigação.

O microfone

Parceiro precioso nas pregações, o microfone torna praticamente iguais as vozes fracas, baixas e as vozes fortes, sonoras. Para cumprir bem sua finalidade de atingir centenas, milhares ou até milhões de pessoas, como se o pregador estivesse falando a cada uma delas, precisa ser usado de forma adequada. O segredo é posicioná-lo não muito longe da boca, impedindo que a voz seja captada e transmitida apropriadamente, nem próximo demais, escondendo, às vezes, até o semblante do pregador. De maneira geral, a melhor distância é um pouco abaixo da boca, mais ou menos na altura do queixo.

Um erro comum é o pregador sair do campo de captação do microfone quando gira o tronco de um lado para o outro na direção de quem está localizado à esquerda ou à direita. Ao movimentar o corpo para se dirigir aos ouvintes, procure olhar sempre sobre o microfone. Assim, terá certeza de que ele estará próximo da boca.

Para ter mais liberdade com os gestos e para manusear objetos e anotações postos à sua frente, faça como a maioria dos pregadores que usam microfones sensíveis, com campo de captação maior. Eles podem ficar a uma boa distância e mesmo assim captar bem a sua voz.

Evite alguns erros comuns no uso do microfone. Um deles ocorre quando, depois de acertar a altura do microfone, o pregador se inclina tentando se aproximar ainda mais do aparelho. Essa atitude prejudica muito a postura e pode até desvalorizar sua imagem. Não é uma postura digna daquele que vai transmitir a palavra de Deus. Assim que acertar a altura do microfone, fale olhando sobre ele, sem se inclinar.

Outro erro é dar um ou dois passos para trás, saindo do campo de captação, depois de acertar a altura e a distância do microfone. Tendo definido o melhor posicionamento do microfone, permaneça onde está, sem esses inconvenientes passos para trás.

Poderíamos acrescentar ainda uma atitude que acaba se transformando em vício por parte de alguns pregadores: ficar o tempo todo acertando o microfone. Ao iniciar uma nova informação, lá está o pregador mexendo no microfone para acertar o que não precisa ser acertado. Deixe, portanto, para mexer no microfone somente quando for realmente necessário.

Ao segurar um microfone, faça do braço que apoia o aparelho um pedestal e posicione-o como já indicado, um pouco abaixo da boca, próximo do queixo. Deixe o outro braço livre para gesticular. Cuidado para não cometer uma falha bastante comum, que é balançar o braço que sustenta o microfone. Se agir assim, perderá o campo de captação e a voz poderá oscilar e até se tornar inaudível.

Quando estiver com tosse ou com aquele desagradável pigarro na garganta, evite o microfone de lapela, o *headset*, ou o *earset*, pois, se precisar tossir ou limpar a garganta, não terá como evitar que o ruído seja captado. Nessas situações, prefira deixar o microfone na mão, já que assim será mais fácil afastá-lo da boca quando for preciso.

Procure descansar bem antes da pregação. Se não tiver uma noite de sono reconfortante, o pregador terá mais dificuldade para respirar e usará especialmente as últimas partes do aparelho fonador, de modo que a voz pode sair enfraquecida, sem o vigor necessário para tocar a emoção dos fiéis.

Peça aos responsáveis pelo som que posicionem as caixas acústicas de tal forma que possam proporcionar a você um bom retorno da voz. Quando o pregador não ouve bem sua própria voz, tende a falar com volume excessivo e, como consequência, até enrouquecer.

Tanto uma noite bem dormida quanto um bom retorno do som para ouvir a própria voz são detalhes que podem fazer a diferença entre uma pregação bem-sucedida ou não.

Velocidade da fala

Não existe velocidade padrão para a fala do pregador. Nos anos 1970, dois pregadores excepcionais se apresentavam com ritmos totalmente distintos. Um deles, o reverendo José Borges dos Santos Júnior, que se notabilizou por suas pregações na Igreja Presbiteriana Jardim das Oliveiras, falava de maneira pausada e bem cadenciada. Ele se comunicava dessa forma na igreja e nos programas de rádio, onde também fez muito sucesso. Ao contrário, o padre P. C. Vasconcellos, também de São Paulo, era um ciclone. Ele se expressava com velocidade estonteante e empolgava as pessoas com sua eloquência e vibração. Os dois eram ótimos oradores, cada um com seu estilo. É evidente que se você fala muito rápido ou muito devagar, poderá tentar mudar a velocidade da fala para tornar sua pregação mais confortável para si próprio e para os ouvintes. Se, entretanto, sentir que essa mudança compromete sua tranquilidade ou agride as características naturais da sua comunicação, continue falando rápido ou lentamente, mas adote algumas atitudes fundamentais para o seu tipo de fala.

Se você for um pregador que fala rápido, como poderá ser eficiente com sua comunicação, ser compreendido e manter a atenção dos fiéis? Deverá desenvolver e aprimorar alguns aspectos essenciais na forma de se comunicar:

- **Ter boa dicção.** Se pronunciar bem as palavras, mesmo falando rápido, será compreendido sem esforço pelos ouvintes.
- **Fazer pausas.** Se você conseguir dar uma pausa ao final das frases, mesmo que seja uma pausa rápida, permitirá que os ouvintes tenham oportunidade de refletir sobre as informações que acabaram de ser transmitidas.
- **Repetir as informações relevantes.** Se você fala rápido, precisa desenvolver o hábito de repetir as informações importantes, utilizando palavras diferentes. Assim, se os ouvintes não entenderam bem a mensagem na primeira vez, entenderão na segunda, e até, em certas circunstâncias, na terceira.

Se nas suas pregações você falar rápido, mas pronunciar bem as palavras, fizer uma pausa ao final das frases e repetir as informações importantes com palavras diferentes, poderá transformar suas características em um estilo positivo de comunicação.

Se, ao contrário, você for um pregador que fala devagar, como poderá ter uma oratória atraente, ser instigante e manter a atenção dos fiéis? Para que a sua comunicação seja eficiente, mesmo falando devagar, também deverá desenvolver e aperfeiçoar alguns aspectos essenciais:

- **Olhar para os ouvintes.** Se você faz suas pregações falando devagar, com pausas prolongadas, nesses momentos de silêncio mais longos mantenha contato visual com as pessoas. Desse modo, você evita que haja quebra na linha de comunicação que prende o pregador aos fiéis. Ao olhar em silêncio para a plateia, é como se estivesse repetindo as informações relevantes que acabou de transmitir. Isso valoriza o instante da pausa.
- **Voltar a falar com mais ênfase.** Depois de uma pausa prolongada, volte a falar com mais ênfase, com mais energia, com mais disposição. Demonstrará com esse comportamento que durante a pausa estava refletindo sobre as melhores ideias a serem utilizadas, e não que havia ficado em silêncio por falta de vocabulário, como se as palavras tivessem desaparecido.
- **Eliminar o *ããã, ééé*.** É comum a quem fala devagar desenvolver o vício de usar o *ããã* ou *ééé* durante as pausas. Se esse for o seu caso, saiba que a pausa silenciosa é produtiva, pois transmite a ideia de tranquilidade, demonstrando que você não está ansioso ou sem palavras para dar sequência à linha de raciocínio.

Se fizer suas pregações falando devagar, mas continuar olhando para os ouvintes, voltar a falar com mais ênfase depois das pausas prolongadas e ficar em silêncio durante as pausas, poderá transformar suas características em um estilo positivo de comunicação.

Ritmo

Esta é uma das qualidades mais importantes da voz. O ritmo é o uso correto do tom, associado à alternância do volume da voz e da velocidade da fala. José de Oliveira Dias, na sua obra *Novo curso de oratória sagrada*, diz:

> Sendo tão variados os sentimentos que brotam da alma do pregador e tão variada a sua intensidade, e sendo o tom a expressão apropriada do sentimento, é manifesto que variadas devem ser também as modulações da voz.[8]

Se o pregador se apresentar com voz monótona, falando sempre com a mesma velocidade e o mesmo volume, não poderá reclamar depois se os fiéis começarem a bocejar.

Um bom exercício para você melhorar o ritmo das suas pregações é fazer leitura de poesias em voz alta. A melodia, a cadência, as pausas da poesia irão ajudá-lo a aprimorar o ritmo da fala.

Dicção

O pregador precisa cuidar bem da dicção. A boa pronúncia das palavras facilita o entendimento dos ouvintes.

---

8 Dias, José de Oliveira. *Novo curso de oratória sagrada*. Petrópolis: Vozes, 1955, p. 137.

Quanto melhor a dicção, mais facilmente as pessoas entenderão a mensagem.

A dicção pode se transformar ainda em importante subtexto. Não é difícil deduzir que o pregador que pronuncia bem os sons das palavras demonstra preparo, formação e educação, o que pode dar ainda mais autoridade às suas palavras.

Diz Oliveira Dias: "A pregação mal articulada é um tormento para os nervos dos ouvintes, [...] pois exige deles um concentrado esforço de atenção".[9]

Uma boa maneira de aprimorar a dicção é fazer exercícios de leitura em voz alta com algum objeto preso entre os dentes, com as costas do dedo indicador levemente dobrado voltado para dentro da boca. Dois ou três minutos por dia podem ser suficientes para um bom resultado em pouco tempo.

Cuidado, porém, com o artificialismo. É desagradável observar um pregador que demonstra esforço para pronunciar bem as palavras. Não é difícil perceber que se comporta de forma artificial, distante de seu modo espontâneo de se expressar. Faça exercícios pronunciando cada som das palavras de maneira bem exagerada, mas durante as pregações deixe que a pronúncia ocorra pelo reflexo condicionado, para que os fiéis o vejam como um representante natural de Deus, sem afetação.

Pausa

Dificilmente encontraremos um pregador que se expresse com naturalidade se não souber usar bem a pausa na sua

9 *Ibidem*, p. 136.

comunicação. Quando bem produzida, a pausa silenciosa ao final de uma informação importante, transmitida com inflexão de voz adequada, chega a ser sedutora. Se bem-feita, valoriza as informações, cria expectativa sobre o que virá a seguir e demonstra poder e domínio sobre a mensagem. Em determinadas circunstâncias, um pregador pode falar mais com o silêncio do que com as palavras. Tanto nas falas de improviso quanto nas leituras, a pausa é ingrediente fundamental para o sucesso da comunicação.

Esses momentos de silêncio vão se sucedendo normalmente a cada informação importante. Convém, depois de concluído um conjunto de várias informações importantes, que antes de iniciar um novo tópico o pregador faça uma pausa mais prolongada, mais expressiva, mais significativa. Para isso, enquanto os fiéis refletem naqueles segundos adicionais sobre a importância e a profundidade do que acabaram de ouvir, o pregador poderá se entreter com alguma atividade, por exemplo, folheando algumas páginas da Bíblia, como se procurasse uma passagem relevante para ser comentada, tomando um gole de água ou acertando algum objeto que esteja em cima do altar ou do púlpito. Esses momentos de pausa mais longa indicam que uma parte importante do assunto foi completada, instigam os ouvintes à reflexão e servem também como elemento de transição para um novo conjunto de informações.

Ênfase nas palavras relevantes

Se o pregador destacar determinada palavra, a frase terá um sentido. Se destacar outra, poderá mudar totalmente o que transmite. Para destacar a palavra dentro da frase, você poderá:

- Pronunciá-la com maior ou menor volume da voz.
- Fazer uma pequena pausa antes e depois da palavra.
- Pronunciar as sílabas pausadamente.
- Acelerar a pronúncia das sílabas.

Esses recursos poderão ser usados isolada ou simultaneamente, o que é mais comum. Por exemplo, para destacar um termo, você poderá elevar a voz e ao mesmo tempo pronunciar mais pausadamente as sílabas da palavra. Ou, ao contrário, acelerar a pronúncia das sílabas enquanto diminui o volume da voz.

Dar ênfase à palavra é como dizer ao ouvinte qual a informação importante que ele deve guardar como essência da mensagem. Além desse destaque, a ênfase também poderá interpretar de forma adequada o sentimento próprio da mensagem. Por exemplo, ao dizer "profuuuundo", esticando um pouco mais a pronúncia da sílaba, interpretará exatamente o sentimento da informação. Observe sempre se está pronunciando as palavras com o sentimento apropriado. Experimente dizer "saudade", "tristeza", "amor", "ódio" e tantas outras que poderá encontrar e observe se consegue interpretar corretamente o sentimento de cada uma delas.

Essa interpretação adequada do sentimento da mensagem pela forma como você pronuncia as palavras ajudará a tocar a emoção dos ouvintes. Um bom exercício para perceber bem o resultado da utilização desse recurso é ouvir os bons pregadores e analisar como conseguem transmitir o sentimento correto pela maneira como pronunciam as palavras.

Um conselho: quando desejar tocar de maneira mais profunda os sentimentos dos fiéis, procure falar com voz mais sussurrante. Fale como se aquela mensagem saísse das profundezas do seu ser. Essa maneira de se expressar poderá sensibilizar e envolver emocionalmente os ouvintes. Não conheço um grande pregador que não recorra a esse recurso.

As questões mais simples relacionadas à voz, como pausa, volume, velocidade, ritmo e dicção, podem ser resolvidas com observação, boa vontade e exercícios caseiros. Se, entretanto, você chegar à conclusão de que sua voz possui um problema mais sério e que atrapalha o resultado de suas pregações, consulte um fonoaudiólogo. Esse é o profissional indicado para dar um diagnóstico correto e sugerir o tratamento apropriado.

A linguagem do pregador

"Penetra surdamente no reino das palavras.
[...]
Chega mais perto e contempla as palavras.
Cada uma
tem mil faces secretas sob a face neutra
e te pergunta, sem interesse pela resposta,
pobre ou terrível, que lhe deres:
Trouxeste a chave?"

Carlos Drummond de Andrade

Quando o pregador se vale de uma linguagem apropriada ao tipo de público, transmitirá a palavra de Deus com muito mais facilidade e eficiência. A mensagem do Criador é a mesma em todas as circunstâncias, mas a forma como o pregador a transmite deve levar em conta as características dos ouvintes.

Em sua obra *Compendio de oratoria sagrada*, Esteban Monegal y Nogués dá importante orientação sobre a linguagem do pregador:

> Nunca se esqueça que a linguagem deve estar em consonância com o auditório, com o assunto, com o próprio

> pregador e com as circunstâncias, adaptando-se estritamente às condições inerentes a cada um dos elementos e fatores indispensáveis em toda forma de pregação.[10]

Lutero também afirma que aquele que prega deve adaptar a linguagem a cada tipo de ouvinte. Ressalta especialmente o cuidado que o pregador deve ter com as pessoas que têm maior dificuldade de entendimento:

> Quem vem à igreja são pobres crianças pequenas, empregadas, mulheres e homens idosos, para os quais a alta doutrina não é de proveito algum, pois eles não a compreendem. E mesmo que digam: "Puxa, como ele falou tanta coisa bonita; que prédica linda!", se perguntarmos: "O que foi que ele disse?", responderão: "Não sei". Ao pessoal simples é preciso dizer branco é branco e preto é preto, de modo bem singelo, com palavras simples e claras – e mesmo assim, quase que não entendem. Ah, como nosso Senhor Jesus Cristo se esforçou por falar com simplicidade! Ele usava as parábolas sobre videiras, velhinhas, árvores etc., tudo para que o pessoal compreendesse, assimilasse e guardasse.[11]

Na obra *A doutrina cristã*, Agostinho de Hipona, notabilizado como Santo Agostinho, um dos maiores teólogos da história da humanidade, diz:

> Com efeito, de que serve a pureza da linguagem se a inteligência do auditório não acompanha? Não temos absolutamente nenhuma razão de falar se aqueles a

10 Monegal y Nogués, Esteban. *Compendio de oratoria sagrada*. Barcelona: Imprenta de Eugenio Subirana, 1923, p.150.

11 Kirst, *op. cit.*, p. 183.

> quem nos dirigimos para nos fazer compreender não compreendem o que dizemos. Portanto, o mestre evitará toda palavra que não ensine. Se ele puder, todavia, substituí-la por outras, corretas e inteligíveis, ele as escolherá de preferência. Se não o conseguir, seja porque elas faltem, seja porque não lhe vêm ao espírito, servir-se-á de expressões menos corretas. Sob a condição, contudo, de que a ideia venha a ser ensinada e aprendida de modo correto.[12]

A simplicidade da pregação, entretanto, não deve afastar o pregador da linguagem bem cuidada. Falar bem não pressupõe negligência, descaso ou descuido com a elaboração da mensagem. Ao contrário, exige estudo, esmero e muita aplicação. Para pregar com simplicidade, o pregador deverá se dedicar de maneira obstinada a cada frase que introduzir em sua mensagem.

Junqueira Freire, patrono da Academia Brasileira de Letras, morreu em 1855, quando ainda não havia completado 23 anos de idade. Aos 20 anos, esse monge beneditino, que vivia recluso na solidão de sua cela, no mosteiro de São Bento da Bahia, escreveu a obra *Elementos de rhetorica nacional*, publicada em 1869, portanto só depois da sua morte. Em suas reflexões sobre a linguagem, ele diz:

> Cumpre-nos manejar uma linguagem, não só clara, como os bárbaros, não só pura, como os civilizados, mas principalmente ornada, como as nações políticas do globo, porque a linguagem ornada é a elocução por excelência.[13]

---

12 Agostinho, Santo. *A doutrina cristã: Manual de exegese e formação cristã*. São Paulo: Paulus, 2002, p. 230.

13 Freire, Junqueira. *Elementos de rhetorica nacional*. Rio de Janeiro: Eduardo e Henrique Laemmert, 1869, pp. 51-52.

A linguagem de acordo com o nível intelectual dos ouvintes

O pregador ampliará as chances de sucesso da sua pregação se souber identificar o nível intelectual predominante dos ouvintes e se tiver habilidade para adaptar a mensagem à capacidade de compreensão deles.

Você não precisará ir longe para buscar inspiração para suas pregações. Tudo que necessita para pregar bem está nas Escrituras Sagradas e na própria realidade dos fiéis. Como disse Billy Graham, "a Bíblia é a palavra infalível de Deus". Embora seja um binômio que se compreenda com facilidade, nem sempre é tão simples de ser aplicado. A palavra da Bíblia é clara, transparente, verdadeira, mas só será evidente para os ouvintes se você conseguir transmiti-la de acordo com a capacidade de compreensão deles.

Se os ouvintes tiverem baixo nível intelectual, você não poderá pregar com palavras incomuns, com as quais a plateia não esteja familiarizada. Esse palavreado sofisticado dificultará o entendimento dos ouvintes e talvez até os desestimule a acompanhar a sequência da pregação.

Diz Oliveira Dias:

> Desterre-se do púlpito a terminologia técnica, que para o povo seria apenas uma linguagem cabalística. Não se torturem os auditórios com fórmulas silogísticas e construções dialéticas próprias das cátedras escolares, mas vistam-se as demonstrações duma linguagem espontânea e popular, infundindo-lhes animação e vida oratória. As provas mais metafísicas, especulativamente as mais sólidas, não são as que mais impressionam os nossos auditórios.[14]

14 Dias, *op. cit.*, p. 220.

Se você costuma usar humor em suas pregações, cuidado para não se valer de ironias finas, com mensagens subentendidas. Ouvintes despreparados intelectualmente, de maneira geral, têm dificuldade para entender as sutilezas das tiradas bem-humoradas. Costumam pegar a palavra ao pé da letra e, em determinadas circunstâncias, até se sentem ofendidos ou desconsiderados.

Por mais que respeitem a autoridade do pregador, chegam a se sentir magoados. Diante de plateias com essa característica, para que a pregação não encontre resistências, procure indicar de forma clara e inequívoca que se trata mesmo de uma brincadeira. Esse cuidado deve ser adotado também diante de plateias numerosas, quando normalmente o nível dos ouvintes é bem heterogêneo.

Às vezes o pregador se encanta com a própria argumentação. E, no final da sua exposição, levanta uma reflexão imaginando que as pessoas despreparadas intelectualmente saberão chegar sozinhas às conclusões que ele deseja. Não saberão. Se, ao pregar diante de pessoas sem preparo intelectual, você, depois de expor os argumentos, resolver levantar uma reflexão, tenha o cuidado de dar a esses ouvintes também a conclusão. Quando o público possui essa característica, o trabalho de explicar, orientar, deduzir e concluir deve ser sempre do pregador.

Por outro lado, se o público tiver boa formação intelectual, você poderá pregar valendo-se de palavras até nem tão comuns, pois o bom preparo dos ouvintes permitirá que, mesmo não conhecendo o significado de um ou outro vocábulo, consigam interpretá-lo dentro do contexto.

Caso a sua comunicação seja bem-humorada, diante de ouvintes com boa formação intelectual poderá usar ironia fina e mensagens subentendidas. Pessoas bem preparadas percebem que existe outra informação por trás do que foi dito e não tomam as palavras ao pé da letra.

A mensagem sutil, transmitida nas entrelinhas, pode também demonstrar o bom preparo do pregador, conferindo-lhe ainda mais autoridade. Não se esquecendo jamais de que esse robustecimento da autoridade deve ser sempre no sentido de transmitir com eficiência a palavra do Senhor, nunca para o pregador ostentar ou se vangloriar. Seu papel deve em todos os momentos ser o de servir como via fidedigna da palavra de Deus.

Já que estamos falando em humor, vale aqui uma reflexão. Se em qualquer circunstância o humor deve ser usado com bom senso e prudência, pois há uma linha delicada e invisível que o separa da vulgaridade, na pregação sacra esse cuidado precisa ser redobrado. Essa linha se torna ainda mais estreita e a margem de segurança deve ser ampliada. Qualquer deslize poderá comprometer a imagem do pregador e prejudicar sua credibilidade.

Há, entretanto, oradores que chegam a fazer toda a pregação usando o humor e que conseguem resultados excepcionais. Mesmo aqueles mais tradicionais, que não admitem nenhum tipo de brincadeira no púlpito, reconhecem que esses pregadores quebram essa norma, mas atingem seus objetivos e mantêm as igrejas superlotadas.

Avalie bem suas características pessoais, como os fiéis receberiam as brincadeiras, qual o nível intelectual predominante dos que assistem às pregações, pondere as consequências e aja com prudência e bom senso. No caso de dúvida, não arrisque – tenha um comportamento mais equilibrado. Da mesma forma, esse tipo de mensagem subentendida pode se transformar em uma espécie de elogio que o pregador faz aos ouvintes. É como se dissesse: "Tenho tanta certeza da inteligência e da boa formação de vocês que posso usar essa sutileza na comunicação". Os ouvintes tenderão a ficar mais benevolentes para ouvir a pregação.

Também diante de pessoas com boa formação intelectual, depois de expor os argumentos, você poderá levantar uma reflexão e deixar que os ouvintes cheguem à conclusão por si mesmos. Pode ser até uma boa estratégia para comprometê-los com a mensagem e afastá-los de possíveis resistências, pois ao chegarem a determinada conclusão talvez não se deem conta de que suas deduções foram influenciadas pelos argumentos que acabaram de receber.

Como normalmente o público não é formado apenas de pessoas cultas ou incultas, caberá a você considerar o nível intelectual predominante da plateia e adaptar a linguagem de acordo com a capacidade de compreensão dos fiéis.

O vício de dizer *né?*

Há pouco, quando estudamos a velocidade da fala, discutimos um vício de comunicação bastante comum, o uso do *ããã, ééé* nas pausas. Vamos analisar agora outro bem conhecido, que aparece com frequência nas pregações, o *né?* no final das frases. O *né?* na verdade é um dos inúmeros vícios que os oradores costumam apresentar em suas pregações, como *tá?*, *ok?*, *certo?*, *tá entendendo?*, *percebe?*

O *né?* e outros ruídos com a mesma característica vão surgindo de mansinho, e o orador passa a usá-los em suas pregações até sem perceber. Por isso, para começar a eliminá-los, a primeira atitude é ter consciência da existência deles. Quando o pregador se conscientiza de que o *né?* (vamos nos ater apenas a este para exemplificar) está presente com frequência em suas apresentações, ele se sente desconfortável e começa a afastá-lo da comunicação.

Se você perceber que o uso do *né?* chega a ser excessivo, talvez tenha certa dificuldade para eliminá-lo completamente. No início, poderá até ficar chateado por não conseguir afastá-lo. Depois de algumas tentativas, entretanto, você aumentará o controle e diminuirá as repetições até chegar a um ou outro em suas pregações, fato que não chamará a atenção e será visto com naturalidade.

O *né?* surge também por causa da insegurança. Este é o principal motivo para o aparecimento desse vício. Quando o pregador não se sente à vontade, quase sempre necessita de um retorno positivo dos ouvintes. Fala como se perguntasse: "Estou me comunicando bem, né? Estou sendo claro na minha pregação, né?". Não demonstre ao público que não se sente confortável. Faça sua pregação sempre como se estivesse convicto e conclua a frase fazendo uma afirmação e não com uma pergunta, como se pedisse uma confirmação.

Em alguns casos o *né?* funciona como uma espécie de apoio para que o pregador encontre a sequência do pensamento ou uma palavra para vestir seu raciocínio. Faz de conta que está perguntando com o *né?*, quando na verdade só ganha tempo até encontrar o que precisa para dar continuidade à sua pregação. Situação semelhante ocorre quando o pregador encerra a frase com a inflexão de voz de quem daria continuidade à informação. Não havendo mais nada a dizer, usa o *né?* como se fosse um ponto final. Por isso, procure fazer as pausas em silêncio, sem o *né?,* até que encontre a sequência do pensamento, no primeiro caso. E use a inflexão de voz de quem está encerrando, e não de quem ainda teria algo a dizer, neste último.

Para aprimorar o vocabulário

Para pregar com eficiência a qualquer tipo de plateia, você deverá aprimorar cada vez mais seu vocabulário. Precisará se empenhar em torná-lo amplo e instantâneo, composto de palavras variadas para expressar com facilidade todos os seus pensamentos sem repetições desnecessárias.

Não queira usar as palavras na comunicação oral como se estivesse escrevendo. A cadência, o ritmo e a composição melódica da oralidade são aspectos diferentes daqueles utilizados na comunicação escrita. Durante a pregação, uma pausa, uma palavra ou uma entonação diferente da planejada pode modificar a sequência elaborada quando estava naquele silêncio solitário, tendo como companheira apenas a folha de papel ou a tela do computador. Lembre-se sempre de que pensar é uma atividade, escrever é outra, pregar é outra ainda mais distinta. Pregue com a liberdade de quem pensa, com a correção de quem escreve, mas com a leveza de quem está falando.

Se for possível, converse antes com alguém sobre a matéria da pregação. Assim, estará treinando a atividade que desenvolverá no púlpito – a verbalização. Só com longa experiência é que um pregador conseguirá aperfeiçoar o automatismo da fala, uma capacidade de pensar e pregar quase ao mesmo tempo. Mesmo assim, com a fala cultivada por incontáveis pregações, jamais um pregador deverá se dirigir aos ouvintes sem ter se preparado de forma diligente e responsável.

Um bom treinamento para desenvolver essa habilidade de verbalizar o pensamento é ler artigos de revistas e jornais, capítulos de livros ou versículos da Bíblia e, assim que puder, conversar a respeito dessas informações com os primeiros interlocutores que encontrar. Esse é um ótimo exercício para aprimorar a concatenação lógica do pensamento e a prontidão do vocabulário. Nunca se esqueça, entretanto, de que no púlpito essas informações deverão ser transmitidas pelas palavras das Escrituras Sagradas. Para manter o foco, tenha em mente o que disse o pregador Karl Barth: "Leia a Bíblia e o jornal, mas interprete o jornal pela Bíblia".[15]

Amplie o vocabulário, mas não se preocupe em demasia com as palavras. O rigor da busca dos novos vocábulos em determinadas circunstâncias pode atrapalhar mais do que ajudar. As palavras mais simples e singelas, que servem de ponte por onde caminha o pensamento, estão próximas do pregador. Disse Quintiliano, nas *Instituições oratórias*:

> Quero, pois, haja cuidado nas palavras, porém nos pensamentos, desvelo. Pois pela maior parte as que são melhores andam juntas com as coisas, e se deixam ver à sua própria luz. Nós, porém, andamos em busca delas, como se se nos escondessem sempre, e fugissem de nós. Assim nunca julgamos, que estão ao pé dos objetos, sobre que havemos de falar; vamo-las procurar em outros lugares e, achando-as, as violentamos e trazemos arrastadas.[16]

---

15 Barth, Karl. *Interpreting Newspapers from Your Bible*. Disponível em: <https://www.garrett.edu/interpreting-newspapers-your-bible>. Acesso em: out. 2016.

16 Quintiliano, Marco Fabio. *Instituições oratórias*. São Paulo: Edições Cultura, 1944, p. 14, vol. 2.

Postura e gesticulação

Como deve ser a gesticulação do pregador? A resposta é bastante simples: natural. O gesto espontâneo quase sempre ocorre antes ou ao mesmo tempo que a palavra, não depois.

São funções essenciais do gesto destacar e complementar as informações relevantes e, em circunstâncias especiais, substituir e revelar as palavras que não foram proferidas, para assim expressar a mensagem.

J. I. Roquete diz que

> o gesto ou acionado é a expressão do pensamento pelos movimentos do corpo. Tem ele uma eloquência que lhe é própria e que vem poderosamente em auxílio da voz, dando, de certo modo, corpo ao pensamento e tornando-o sensível e palpável.[17]

Se analisarmos a comunicação dos pregadores mais bem-sucedidos, vamos constatar que a maioria deles usa a expressão corporal de maneira muito eficiente. A gesticulação desses pregadores acompanha o ritmo e a cadência da fala.

17 Roquete, op. cit., p. 388.

Quando falam de forma mais contundente, o gesto é mais firme e vigoroso. E quando falam com suavidade, o gesto é mais moderado e sutil. Estabelecem uma harmonia entre a expressão corporal, a inflexão da voz e a mensagem transmitida.

Segundo Nierenberg e Calero (1986), cada gesto é como uma palavra em uma língua. Para que possamos ser entendidos, devemos estruturar as palavras em unidades ou "sentenças" que expressem pensamentos completos.

Os dois defeitos mais comuns na gesticulação são a falta e o excesso de gestos. Na falta, o pregador deixa de fazer uso de um importante recurso da comunicação, pois eles ajudam na transmissão de informações. Em excesso, os movimentos demasiados podem prejudicar a concentração dos ouvintes na mensagem. Entretanto, o excesso quase sempre é mais grave que a falta.

Nenhum defeito deve estar presente na gesticulação, mas se existir um deles, é preferível a ausência de gestos ao excesso deles. Se a mensagem do pregador for atraente, mesmo que ele se apresente sem gestos, os ouvintes ainda assim poderão acompanhar e se interessar pela pregação. Essa concentração talvez não seja a mesma se o pregador usar gestos excessivos.

Toda expressão corporal deve atuar no sentido de favorecer a pregação. E cada uma das partes do corpo possui função própria, específica e também complementar à atuação das outras. *Tubbs e Moss*, em sua obra *Human Communication*, relatam importante estudo desenvolvido por Ekman sobre as funções de cada parte do corpo. Suas pesquisas mostram que a cabeça e o rosto sugerem a emoção que está sendo experimentada, enquanto o corpo dá pistas a respeito da intensidade dessa emoção. As mãos, contudo, podem nos dar as mesmas informações que recebemos da cabeça e do rosto.

As pernas

O posicionamento do pregador começa com as pernas. Se ele se apoiar com frequência ora sobre uma perna, ora sobre a outra, comprometerá a elegância da sua postura. Do mesmo modo, ficará deselegante se permanecer com as pernas muito abertas. E ao contrário, se mantiver as pernas muito fechadas, parecerá rígido, sem flexibilidade.

O pregador deve evitar movimentos desordenados, sem objetivo, diante da plateia. Essa movimentação descompassada das pernas poderá revelar que se sente desconfortável diante do público. Os movimentos podem e até devem existir, desde que tenham uma finalidade, como dar ênfase a determinada informação ou reconquistar parte do público que se mostre desatenta.

Ajudam muito os movimentos rápidos, até três ou quatro passos, para um lado e para o outro, um pequeno passo para a frente ou para trás com a intenção de acompanhar o ritmo da pregação e até para dar ânimo especial à mensagem. O passo para trás ajuda a enfatizar e complementar a ideia de repulsa, de resistência, de precaução. Enquanto o passo para a frente auxilia na ênfase e complementação da ideia de interesse, concordância, aproximação.

Se você tiver de pregar por tempo prolongado em um local que não permita movimentação, um recurso interessante para descansar as pernas é, de vez em quando, flexionar levemente o joelho de uma, deixando assim o peso do corpo apoiado sobre a outra. Em seguida, flexionar o outro joelho, deixando o peso do corpo apoiado sobre a outra perna. O público não perceberá essas mudanças e você não se cansará, o que ocorreria caso se mantivesse o tempo todo apoiado sobre as duas pernas.

Os braços e as mãos

Os movimentos dos braços e das mãos do pregador devem estar de acordo com o tom e a inflexão da voz e o ritmo da fala. Os gestos cumprirão seu papel quando atuarem para destacar, complementar e facilitar a compreensão da mensagem. Há situações em que o gesto do pregador substitui palavras que não foram proferidas e consegue transmitir a mensagem na sua amplitude.

Embora não se possa falar em comportamentos errados, já que alguns que se mostram negativos em determinados pregadores se transformam em característica positiva em outros, tendo em vista circunstâncias distintas, outros contextos e diversidade de estilo, pode-se falar, de modo mais adequado, em comportamentos desaconselháveis.

É desaconselhável, por exemplo, falar com os braços nas costas ou cruzados, com as mãos nos bolsos ou ainda debruçado sobre o púlpito. Outros gestos que podem prejudicar o resultado da comunicação são esfregar nervosamente as mãos, coçar a cabeça ou outra parte do corpo com frequência, abrir e fechar os braços repetidamente ou mesmo levantá-los e abaixá-los, também de forma repetitiva, retornando o tempo todo à mesma posição. Essas atitudes quase sempre passam a ideia de desconforto, inibição e falta de segurança.

De maneira geral, diante de plateias numerosas, os gestos podem ser mais amplos, pois assim influenciam mais a emoção dos ouvintes. Porém, quando o público é reduzido, os gestos devem ser mais contidos e moderados, já que nesse caso a gesticulação atuará mais para a razão.

Para usar bem a gesticulação, o pregador deverá tomar alguns cuidados básicos. Os gestos devem ser realizados na maior parte das vezes acima da linha da cintura e abaixo da altura da cabeça. A posição de apoio, todavia, pode ser com os braços ao longo do corpo, abaixo da linha da cintura. Em casos excepcionais, durante momentos de grande emoção, os gestos podem subir e ser realizados acima da altura da cabeça.

Para não passar a ideia de desconforto nem apresentar excesso de gesticulação, o pregador deverá fazer o gesto e aguardar, de maneira paciente e tranquila, até completar a mensagem antes de retornar à posição de apoio. Mesmo depois de ter concluído a informação, se o pregador julgar conveniente continuar com o movimento para introduzir outra informação complementar, deverá manter o gesto e só depois de encerrada aquela parte da mensagem voltar à posição de apoio. Dessa forma, poderá gesticular praticamente durante toda a pregação sem apresentar excesso de gesticulação.

O gesto natural normalmente não é aquele que parte do cotovelo, feito apenas com o antebraço, mas sim realizado com o braço todo, com o movimento partindo do ombro, formando um pequeno ângulo entre o braço e o tronco. Os gestos que desenham leves curvas são mais estéticos que os retos, com traçados angulares.

Outro bom recurso é alternar a posição de apoio dos braços e das mãos. Em certo momento, gesticular com o braço direito, por exemplo, enquanto deixa o outro apoiado junto ao tronco, pouco à frente do corpo, ou esticado naturalmente ao longo do corpo, com as mãos abaixo da linha da cintura. Um cuidado especial: se usar esse recurso de deixar um dos braços ao longo do corpo enquanto gesticula com o outro, depois de gesticular com os dois novamente, ao voltar à posição de apoio, volte com o mesmo braço. Será mais natural. Se abaixar ora um braço, ora o outro, parecerá que imita os movimentos de uma marionete.

A posição de apoio das mãos pode variar, por exemplo, colocando-se uma sobre a outra, tocando levemente as palmas, sem apertar, para não demonstrar desconforto. As mãos também podem ficar ao lado do corpo, com os braços esticados, abaixo da linha da cintura. Ou ainda naturalmente descansando sobre o púlpito, sendo esta, de maneira geral, a posição mais recomendável.

Durante a pregação, os gestos podem ser executados na maior parte do tempo com os dedos levemente abertos. Em determinados momentos, você poderá deixar o dedo indicador e o polegar esticados tocando um no outro, como se fossem uma pinça. Funciona bem tocar as mãos para dar explicações, por exemplo, encostando a ponta dos dedos de uma das mãos na palma da outra.

Outro gesto expressivo é enumerar partes usando os dedos. Para a primeira parte toque, por exemplo, o dedo mínimo, para a segunda, o dedo anular, para a terceira, o dedo médio, e assim por diante. Se usar esse recurso mais de uma vez, para não parecer repetição, é recomendável alternar, usando apenas uma das mãos. Nesse caso, mostre um dedo para cada parte. Não haverá problema se a enumeração das partes for feita enquanto você olha para as mãos. Quando, entretanto, julgar que o gesto deveria ser bem discreto, apenas como complemento sutil do que é transmitido, se não olhar para as mãos enquanto enumera as partes, o público receberá esse complemento da mensagem, mas não perceberá a gesticulação de forma tão evidente, o que dará mais sutileza e discrição à sua expressão corporal.

Há momentos ao longo da pregação em que você deverá se comportar de forma mais solene. Nessas circunstâncias, os gestos precisam ser moderados e até inexistentes. Avalie sempre o sentimento que irá transmitir. Se julgar que a ausência dos gestos seria mais adequada para comunicar a mensagem, deixe que ela seja conduzida apenas pelas palavras, pelo tom da voz, pelas pausas e pelo semblante.

A fisionomia

Tudo que você estiver sentindo será transmitido especialmente com o semblante. A fisionomia revela os sentimentos – preocupação, alegria, ansiedade, raiva, indignação etc. Tenha sempre em mente que, ao pregar, de forma geral, o seu semblante não lhe pertence, mas sim aos ouvintes. Por isso, mantenha um semblante arejado, expressivo e coerente com a mensagem que transmite.

É no semblante que se realiza um dos aspectos mais importantes na comunicação do pregador – a comunicação visual. Saiba olhar de maneira correta para todos os ouvintes.

Não olhe com aquele brilho nos olhos característico de quem olha no vazio e não vê ninguém. Também não fique olhando rapidamente de um lado para o outro, pois assim não conseguirá enxergar os ouvintes. Muito menos olhe apenas com os olhos, sem mover a cabeça, dando a impressão de que está desconfiado.

Ao olhar, gire o tronco e a cabeça, de um lado para o outro, com calma e tranquilidade. Assim conseguirá observar a reação do público, verificando se as pessoas estão acompanhando com interesse sua pregação. Com essa atitude, você demonstrará que olha na direção dos ouvintes, e eles se sentirão considerados, incluídos no ambiente. Ao olhar de um lado para o outro, com essa pequena movimentação do corpo, você apresentará uma flexibilidade no tronco suficiente para quebrar a rigidez da postura e dar mais naturalidade ao seu posicionamento.

Um semblante simpático, amável e cordial é de extrema importância para conquistar os ouvintes. Essa lição sobre o valor da simpatia na comunicação aprendi há muito tempo com o padre Vasconcellos, que citei como exemplo de orador extraordinário, mesmo tendo a fala bem rápida como característica na maneira de se expressar. Disse ele em uma palestra que, ao abrir um sorriso sincero, verdadeiro, autêntico, o orador não abre apenas um sorriso, abre também um campo magnético que envolve a todos. E nós, ouvintes, conquistados por sua simpatia, às vezes chegamos a aceitar sua mensagem antes mesmo de conhecer seus argumentos.

Nos momentos de reflexão profunda, de oração, especialmente quando há interação dos fiéis nas pausas silenciosas prolongadas, os olhos poderão se desviar da plateia. Nessas circunstâncias, mantenha o semblante sereno, com os olhos cerrados ou voltados para cima, como se estivesse em contato com Deus. Será um exemplo de como os ouvintes também deverão se comportar.

Como manter a atenção dos fiéis

Por mais que os fiéis estejam interessados em receber a palavra de Deus ouvindo o pregador, é natural que depois de algum tempo comecem a perder a atenção. Problemas físicos como sono, fome, cansaço e dores fazem com que se desconcentrem. Mesmo sendo simples as palavras do pregador e clara a mensagem da Bíblia, nem todos conseguem compreender e acompanhar a pregação com facilidade.

Além desses fatores, algumas circunstâncias contribuem para que a atenção dos ouvintes fique prejudicada. Há situações em que o pregador tenta facilitar tanto a mensagem que ela se torna óbvia demais. Outras vezes, os ouvintes, por julgarem o tema muito complexo em alguns casos ou elementar em outros, se desinteressam pelo assunto. Outro ponto importante a considerar é que, mesmo não podendo discordar das palavras do pregador, já que elas são a representação exata da mensagem de Deus, não há como impedir que, de vez em quando, ao aplicar o ensinamento do Senhor à realidade de cada um, não possa surgir alguma resistência ou objeção. Também por esse motivo os ouvintes podem desviar o pensamento.

As pessoas deixam de prestar atenção, entretanto, principalmente porque o pensamento trabalha em uma velocidade quatro vezes mais rápida que as palavras. Depois de aproximadamente cinco minutos, como o pensamento é mais rápido que as palavras, o ouvinte cria um foco de atenção que se torna viciado e ele não consegue mais se concentrar na mensagem. Passa a pensar em outros assuntos que estão fora das fronteiras físicas do local da pregação. Por todos esses motivos os ouvintes podem se desligar do que esteja sendo pregado.

Cabe ao pregador manter a concentração dos ouvintes e resgatar a atenção deles. Um dos bons recursos para manter o público atento é a movimentação física. Ao sair de uma posição para outra, mesmo com o uso do microfone, sua voz passa a ser ouvida de forma diferente. E por se afastar ou se aproximar, muda a maneira como é visto. Ao se posicionar em outro lugar, o cenário visualizado pelos ouvintes se modifica. É como se outro pregador chegasse àquele local para trazer uma nova mensagem. Com esse movimento, a concentração do público é resgatada e as pessoas voltam a prestar atenção.

É preciso ter em mente sempre que, se os fiéis estiverem desatentos, é quase certo que a culpa é do pregador. Cabe a ele usar de todos os recursos à sua disposição para motivar os ouvintes a prestarem atenção, alternando o volume da voz e a velocidade da fala, fazendo pausas mais expressivas e mudando seu posicionamento de um lado para o outro. Interromper a linha de pensamento para incluir uma informação leve e interessante também funciona bem para garantir a concentração das pessoas, pois essa novidade faz com que o ouvinte que estava disperso volte o seu foco para a mensagem. Com a atenção da plateia recobrada, o pregador poderá retomar a linha de raciocínio.

Mesmo tendo o tempo de cinco minutos como parâmetro para atuar no sentido de manter ou recuperar a concentração dos ouvintes, depois de quinze minutos, entretanto, a atenção da plateia diminui sensivelmente e entra nos níveis mais baixos, e apenas nos momentos finais, quando o público tem a sensação de que a pregação se encaminha para a conclusão, é que as pessoas voltam a acompanhar com mais interesse. Por isso, depois de conquistar a atenção dos fiéis logo no início da pregação, conforme veremos mais à frente, passe imediatamente toda mensagem que julgar relevante, pois nesse momento o público estará mais atento. Depois dos quinze minutos, distraia a plateia com histórias, exemplos e passagens mais instigantes do Evangelho. Dessa forma, os ouvintes ficarão mais dispostos a ouvir outras mensagens que você desejar transmitir.

Se analisarmos as pregações de Charles Haddon Spurgeon, que ficou conhecido como Príncipe dos Pregadores, constataremos que esse orador extraordinário quase sempre agia dessa maneira: conquistava os fiéis logo no início, em seguida transmitia as informações importantes, e mantinha a concentração dos ouvintes até o final com suas interpretações, seus exemplos e suas histórias interessantes.

Pascal disse que eloquência é a pintura do pensamento. É eloquente aquele que consegue pintar com palavras e gestos o quadro que está na sua mente. Se você incluir em sua pregação uma das parábolas do Evangelho, por exemplo, e conseguir descrevê-la com as palavras adequadas e os gestos apropriados, fará com que os fiéis se transportem para aquele momento e vivenciem a cena. Ora, se a plateia se transporta para o momento que você descreve e consegue visualizar a parábola, o interesse pela pregação é ampliado, e as pessoas atentas acompanharão sem esforço até o final.

Os ouvintes irão se interessar mais pela pregação se o tema tocar diretamente suas expectativas e necessidades. Por isso, o pregador não pode viver apartado da realidade dos fiéis. Se você conversar habitualmente com alguns grupos que compõem sua comunidade, irá identificar melhor quais as aflições, agruras e dúvidas dos frequentadores da igreja. Com o resultado dessa pesquisa você poderá escolher as passagens das Escrituras Sagradas que atendam mais prontamente ao interesse predominante do público. Os grandes pregadores sempre tiveram essa sensibilidade, falar o que os fiéis precisavam e desejavam ouvir.

É desta forma que o pregador poderá manter a atenção e o interesse dos fiéis: contando histórias e se valendo de exemplos atraentes; alternando o volume da voz e a velocidade da fala, fazendo pausas expressivas; interpretando com energia as passagens mais relevantes da pregação; apresentando-se com bom posicionamento das pernas e se movimentando de maneira adequada, com leveza e desembaraço, mantendo correta a posição do tronco, sem demonstrar rigidez ou arrogância, nem displicência ou humildade no sentido pejorativo.

A credibilidade do pregador

O pregador é a própria expressão da palavra de Deus. Por isso, traz em si a verdade inspirada da palavra sagrada. Ainda assim, para que essa credibilidade seja ratificada, sua comunicação precisa ser revestida de alguns requisitos, de tal sorte que os fiéis não tenham nenhuma dúvida de que sua oratória transmite a mensagem do Senhor e de que você realmente vivencia os ensinamentos da Bíblia. Ao chegar diante dos ouvintes, a figura do pregador permite que a palavra de Deus seja vista antes de ser ouvida. Por isso, na maneira de se expressar, ele deve corresponder a essa grande expectativa.

Como afirmou Oliveira Dias: "Foi esta a grande pregação de Deus ao homem: humanou, fez homem a sua Palavra para que essa Palavra, antes de ser ouvida, pudesse ser vista".[18]

18 Dias, *op. cit.*, p. 33.

Naturalidade

De maneira geral, um bom pregador tem qualidades oratórias. Nem sempre, entretanto, quem se expressa tecnicamente bem em público se transforma em bom pregador. De nada adianta um pregador se apresentar amparado por todas as técnicas da boa comunicação se seu maior objetivo, que é o de ensinar a palavra de Deus, não for atingido. Quantos pregadores conseguem convencer os fiéis da conduta que devem adotar sendo apenas oradores razoáveis, sem técnica aprimorada ou grandiloquência.

A explicação para o sucesso de uns e a ineficácia de outros começa pela naturalidade. Quanto mais natural e espontâneo for o pregador, maiores serão as chances de que o vejam como efetivo representante de Deus. Ser natural, todavia, não significa ser negligente e se acomodar nos erros primários de comunicação. O pregador se comporta com naturalidade quando explora suas características positivas e desenvolve um estilo próprio de se comunicar. Observe os grandes pregadores. Encantam multidões dizendo as verdades que devem ser ditas, nem sempre tão agradáveis aos fiéis, mas não se nota neles uma ponta de artificialismo. Ninguém tem dúvida de que estão sendo autênticos intérpretes da palavra divina.

Aprenda e aprimore todas as técnicas da arte de falar em público, mas responda a você mesmo com toda a sinceridade: estou sendo natural? Falo com os fiéis como falaria de uma forma animada com as pessoas mais próximas, com as quais convivo no dia a dia? Se a resposta for positiva, você está no caminho para fazer da oratória um apoio importante para que as suas pregações sejam bem-sucedidas.

Emoção

Vimos como a naturalidade é essencial para se tornar um bom pregador. Você sabe que quanto mais conseguir ser você mesmo, mais eficientes serão suas pregações. Se, todavia, pregar falando somente com naturalidade, conseguirá apenas transmitir a mensagem. Para envolver os fiéis e fazer com que abracem sua pregação, como se estivessem ouvindo a própria palavra do Senhor, além da naturalidade você precisará falar com envolvimento, disposição, entusiasmo – com emoção. Como poderá envolver os fiéis com sua mensagem se nem você mesmo se mostra envolvido com as próprias palavras que transmite?

Antes de iniciar suas pregações, tenha um instante de concentração e diga a você mesmo: antes de entusiasmar e interessar os fiéis, eu preciso demonstrar que estou entusiasmado e interessado na mensagem que transmito. Daí a importância das orações: você e Deus nessa conversa silenciosa e profunda, nesse contato permanente com o Senhor para que seu espírito esteja sempre impregnado dessa inspiração divina. Se o próprio pregador não se submete ao dever das orações, como pode esperar que suas palavras influenciem os fiéis a agir nessa direção? Como disse Quintiliano, nas *Instituições oratórias*:

> Posso eu porventura esperar que o juiz se condoa de um mal que eu conto sem dor alguma? Indignar-se-á vendo que eu mesmo, que o estou excitando a isso, sou o que menos me indigno? Fará parte das suas lágrimas a um advogado que está orando com os olhos enxutos? Isto pode ser tanto, como queimar como o que não é fogo, molhar o que não é úmido e dar cor o que não a

tem. Primeiro, pois, devem valer para conosco as coisas, que queremos tenham força para com os outros, e apaixonarmo-nos a nós mesmos antes que apaixonemos os outros.[19]

Teatralização

Este aspecto da comunicação está diretamente ligado à naturalidade e à emoção. O púlpito não é teatro. É lugar sagrado. É de onde o pregador transmite a palavra do Senhor. O pregador não pode viver um papel que não seja o dele mesmo. Por outro lado, mesmo sendo verdadeiro, não pode falar sem que os fiéis percebam a sinceridade dos sentimentos que transmite. Como pode falar em tristeza se os ouvintes não percebem tristeza em seu comportamento? E quando fala em alegria, amor, sofrimento etc.? Por isso, em determinados momentos o pregador deverá interpretar a sua própria verdade. Demonstrar na forma de falar e agir o sentimento que transmite. Esse teatro onde o pregador interpreta seu próprio personagem é legítimo e necessário. Ele deve refletir sempre se o sentimento da mensagem que transmite está sendo interpretado de modo adequado em sua comunicação. Assim, não estará mentindo nem enganando, mas permitindo que os fiéis observem na maneira como se expressa a sua verdade interior.

Aristóteles abordou esse tema de forma clara e muito competente, mostrando que o orador deve se apresentar da forma como os ouvintes desejam vê-lo:

19 Quintiliano, *op. cit.*, vol. 1, p. 336.

> O estilo exprime as paixões se, quando houve ultraje, a expressão é de um homem irado; se a ação é ímpia e vergonhosa, se adota o tom de um homem cheio de indignação e de reserva nas palavras. Se a matéria é elevada, falar-se-á com admiração. Se é digna de compaixão, usar-se-ão termos de humildade. E o mesmo nos demais casos.

Na sequência do seu texto, o grande pensador alerta para os riscos da interpretação pela interpretação, sem respaldo no conteúdo sólido. É o apelo ao patético que chega a impressionar o ânimo dos ouvintes, mas que não carrega em si o poder da verdade. É artifício que, se condenado em qualquer circunstância, mais ainda, e especialmente, será naquele que ocupa o púlpito, já que como autêntico intérprete da palavra de Deus, que sempre tem fundamento, jamais poderá se comportar fora dos limites da verdade e da sinceridade.

Essa constatação do uso inadequado do patético serve principalmente como alerta para que o pregador nunca fique tentado a interpretar mensagens que não encontrem respaldo nos textos sagrados.

Aristóteles faz assim seu alerta sobre o apelo ao patético:

> O que contribui para persuadir é o estilo próprio do assunto. Neste caso, o ânimo do ouvinte conclui falsamente que o orador exprime a verdade, porque em tais circunstâncias os homens são animados de sentimentos que parecem ser os seus; e se mesmo assim não seja, os ouvintes pensam que as coisas são como o orador diz. Acresce ainda que o ouvinte compartilha dos sentimentos do orador que fala de maneira patética, mesmo que o discurso careça

de fundamento. Por isso muitos oradores impressionam o ânimo dos ouvintes, fazendo simplesmente ruído.[20]

Demonstração de conhecimento

Observe que a denominação aqui usada é "demonstração de conhecimento" e não apenas "conhecimento". Não basta ao pregador conhecer as Escrituras Sagradas, saber das angústias, dos sofrimentos, das alegrias, dos medos, das dúvidas e aspirações dos fiéis. No momento de pregar, essas e tantas outras informações precisam transpirar de maneira tão natural que não fique nos fiéis a menor dúvida de que toda a mensagem, refletida e vivenciada, está sob o domínio do pregador.

Se o orador sacro se apresentar de maneira tímida, acanhada, inibida ou desconfortável, os ouvintes poderão deduzir naturalmente que se comporta assim porque não tem domínio do seu ofício. Se não tem domínio do ofício, é porque não conhece o assunto que vai expor. Se não conhece o assunto, é porque não tem autoridade. Se não tem autoridade, não pode se apresentar como instrumento da palavra de Deus, pois falta a ele credibilidade.

Por isso, além de conhecer o assunto com a maior profundidade possível, é preciso demonstrar esse conhecimento falando com desembaraço e bastante desenvoltura. Quando os fiéis percebem que o assunto flui naturalmente, deduzem que o pregador está impregnado daquelas informações, ouvem com interesse suas palavras e confiam nelas. Acreditam que ali está um digno representante do Senhor.

---

20 Aristóteles. *Arte retórica e arte poética.* Rio de Janeiro: Tecnoprint, s.d., p. 187.

O pregador deve estudar a Bíblia, entender cada uma de suas passagens, do Velho ao Novo Testamento. Aprenderá muito assistindo às pregações daqueles que dominam o púlpito, lendo os mais famosos sermões da história, independentemente de onde tenham sido pregados. Sua mente se abrirá ao observar como os extraordinários oradores sacros souberam aplicar cada ensinamento da palavra divina à realidade dos fiéis.

Embora a Bíblia deva ser a maior e mais importante fonte de consulta e de estudo do pregador, ele não pode se limitar a ela. Faz parte do aperfeiçoamento do seu ofício estudar o que disseram os principais pensadores da humanidade, conhecer os princípios mais importantes dos grandes filósofos, ler os bons autores, sem nenhuma censura prévia. Mesmo que não se envolva com a política, será relevante saber o que dizem, o que prometem, como agem os políticos. São os assuntos que atingem a vida dos fiéis.

O pregador só demonstrará domínio e conhecimento se procurar aprender tudo o que cerca a vida dos fiéis. Assim será visto como alguém que está à altura de suas funções e conquistará credibilidade para transmitir as palavras de Deus.

Embora o pregador deva manifestar conhecimento sobre o assunto que aborda, não seria aconselhável falar de si para os fiéis. É a palavra do Senhor que servirá de origem, de apoio e de objetivo em suas pregações. Por mais notoriedade e projeção que possa ter o pregador, deverá usar esses atributos pessoais em benefício da sua missão, que é a de transmitir com eficiência os ensinamentos das Escrituras Sagradas.

Há ainda o risco da prolixidade – se adquirir conhecimento profundo sobre as Escrituras Sagradas e demais temas que devam merecer estudo, por um lado, dá ao pregador credibilidade pelo domínio que demonstra sobre a matéria que aborda, leva, entretanto, a um risco grave em suas pregações, que é ser prolixo, falar além do tempo razoável para que os fiéis continuem atentos e interessados. Quanto mais preparado estiver o pregador, mais objetivo poderá ser em suas pregações. O preparo, a reflexão, os ensaios farão com que consiga falar em pouco tempo o que consumiria verdadeira eternidade para ser concluído. É a velha máxima de não usar duas palavras para o que pode ser comunicado com apenas uma.

Falar com objetividade, todavia, não significa necessariamente falar pouco. O pregador não poderia se vangloriar por ter feito sua pregação em apenas alguns poucos minutos se não conseguisse nesse tempo escasso transmitir toda mensagem que precisaria comunicar, nem convencer os fiéis da importância dos ensinamentos da Bíblia. Falar com objetividade significa falar tudo o que for necessário, atingindo a finalidade desejada no menor tempo possível.

Coerência

Talvez ninguém tenha sido tão feliz ao falar da coerência do pregador quanto Vieira, no "Sermão da sexagésima". Seu objetivo foi mostrar os motivos pelos quais as pregações eram ou não eficientes.

> Sabem, padres pregadores, por que fazem pouco abalo os nossos sermões? Porque não pregamos aos olhos, pregamos só aos ouvidos. Por que convertia o Batista tantos pecadores? Porque assim como as suas palavras pregavam aos ouvidos, o seu exemplo pregava aos olhos. As palavras do Batista pregavam penitência: *Agite poenitentiam*. Homens, fazei penitência; e o exemplo clamava: *Ecce Homo*:

> eis aqui está o homem que é o retrato da penitência e aspereza. As palavras do Batista pregavam jejum, e repreendiam os regalos e demasias da gula; e o exemplo clamava: *Ecce Homo*: eis aqui está o homem que se sustentava de gafanhotos e mel silvestres. As palavras do Batista pregavam composição e modéstia, e condenavam a soberba e a vaidade das galas; e o exemplo clamava: *Ecce Homo*: eis aqui está o homem vestido de peles de camelo, com as cerdas e cilício à raiz da carne. As palavras do Batista pregavam despegos e retiros do mundo, e fugir das ocasiões e dos homens, e o exemplo clamava: *Ecce Homo*: eis aqui o homem que deixou as cortes e as cidades, e vive num deserto de cova. Se os ouvintes ouvem uma coisa e veem outra, como se hão de converter? Jacó punha as varas manchadas diante das ovelhas quando concebiam, e daqui procedia que os cordeiros nasciam manchados. E quando os ouvintes percebem os nossos conceitos, têm diante dos olhos as nossas manchas, como hão de conceber virtudes? Se a minha vida é apologia contra minha doutrina, se as minhas palavras vão já refutadas das minhas obras, se uma coisa é o semeador, e outra o que semeia, como se há de fazer fruto?[21]

O pregador não é avaliado apenas quando está no púlpito, diante dos fiéis. Todos os seus movimentos e ações estão sendo sempre observados. Se na igreja ele prega a simplicidade, não pode no dia a dia viver com sofisticação e opulência; se prega a caridade e a virtude, não pode ser intolerante e destemperado. Haveria um descompasso entre a palavra pregada e suas atitudes, uma incoerência que prejudicaria e até anularia sua credibilidade.

21 Vieira, *op. cit.*, Tomo I, p. 38.

Meios para uma boa pregação

Antes de estudarmos as técnicas para planejar uma pregação com eficiência, vamos analisar quais os meios disponíveis para expor a mensagem. São recursos que poderão ser usados de acordo com seu estilo e com as necessidades do momento.

Durante a pregação, você poderá lançar mão das mais diferentes técnicas, desde a leitura até o improviso. Em todas as circunstâncias, você deverá se apresentar de maneira competente para que a mensagem chegue bem até os fiéis, e por isso precisa estar bem preparado para recorrer a qualquer meio disponível. Alguns pregadores se sentem mais à vontade falando totalmente de improviso, outros preferem se valer de anotações, e há aqueles ainda que não arriscam e decoram praticamente toda a apresentação, palavra por palavra. Embora alguns recursos sejam desaconselháveis para a maioria dos pregadores, como a fala decorada, por exemplo, não há certo ou errado, pois você deverá optar pelo meio com o qual se sinta mais à vontade.

Lacordaire, por exemplo, considerado um dos maiores pregadores do século XIX, adotava um recurso peculiar para preparar e ensaiar suas pregações. Embora seu método fosse extremamente simples, era também muito eficiente. Ele organizava um roteiro com as principais ideias que pretendia desenvolver, ressaltando com expressões e frases a sequência a ser seguida.

Depois, ia até o jardim do convento onde residia e praticava falando para as flores, imaginando em cada uma delas a plateia que teria pela frente. Lacordaire repetia o exercício algumas vezes, mantendo o roteiro planejado e mudando as palavras para conquistar certa liberdade na exposição. Concluído o treinamento, estava pronto para encantar o público que superlotava a catedral de Notre Dame.[22]

Seja qual for o recurso ou o método que escolha, o importante é que faça sua pregação da maneira mais eficiente que puder. Veja quais os cuidados que deverá tomar para fazer uso de cada um dos recursos disponíveis da maneira mais correta possível.

Leitura

De modo geral, os pregadores não fazem boa leitura em público. Produzem pausas em momentos inadequados, truncando as ideias. Não sabem como olhar de forma eficiente para o público. Usam mal os gestos. Enfim, quase sempre apresentam fraco desempenho quando precisam ler diante dos fiéis. Mas, se bem-feita, a leitura poderá ser tão eficiente quanto a fala de improviso.

Segure o papel na altura correta. Se ficar baixo demais, talvez você tenha dificuldade para ler. Por outro lado, se

---

22 Lacordaire *apud* Bueno, Silveira. *A arte de falar em público*. São Paulo: Revista dos Tribunais, 1933, p. 11.

estiver muito alto, poderá esconder seu semblante do público. A altura ideal para o papel é a parte superior do peito, que permitirá um posicionamento mais elegante. Se usar o púlpito, poderá deixar as folhas ou a Bíblia apoiadas sobre ele. Principalmente no caso da Bíblia, já que fica mais difícil segurá-la enquanto faz a leitura.

Além dessa questão estética, deixar o papel na altura correta facilitará também o contato visual com a plateia. É comum observar pregadores que ficam o tempo todo olhando para o papel e não se dão conta de que precisariam olhar também para o público. Se o papel ficar muito baixo, levará muito tempo para levantar a cabeça e olhar para quem está sentado mais ao fundo. Com o papel na parte superior do peito, bastará levantar um pouco a cabeça e os olhos para o público estar diante do pregador, e o contato visual será mais confortável.

Ao levantar a cabeça uma vez, olhe para um lado da plateia. Ao levantar a cabeça na próxima vez, olhe para o outro lado. Dessa forma, o contato visual atingirá seu maior objetivo na leitura, que é fazer com que os ouvintes sintam que o texto está sendo mesmo dirigido a eles.

Para o contato visual não atrapalhar o controle e o domínio da leitura, use o dedo polegar para marcar a linha que estiver lendo. Assim, depois de olhar para os ouvintes e voltar à sequência do texto, saberá exatamente qual a linha a ser lida.

Na maior parte das vezes, os gestos durante a leitura devem ser moderados. Evite movimentos laterais, deixando-os apenas para os momentos de maior emoção. Prefira fazer os gestos para a frente do corpo. Nesse sentido, eles se mostram menos ostensivos e são mais produtivos. Ao gesticular, procure não voltar ao papel muito rapidamente, como se não soubesse o que fazer com ela. Segure o gesto até concluir a informação e, depois, com calma, poderá voltar a segurar o papel. Se não estiver gesticulando, é recomendável que não deixe o braço parado ao lado do corpo ou mesmo ao lado do papel. O resultado será melhor se nesse momento segurar o papel com as duas mãos.

Evite fazer gestos enquanto estiver lendo, prefira gesticular no momento em que olhar para o público. Assim, sua fisionomia e toda sua imagem serão projetadas de forma mais positiva.

Para dominar e ter controle do ritmo e da cadência da leitura, faça marcações no texto. Insira um traço vertical nos momentos em que julgar conveniente fazer as pausas. A marcação estará correta se a pausa que ela indicar não truncar as informações, mesmo que não coincida com as pausas gramaticais. A vantagem da marcação é que você poderá treinar a leitura sempre com a pausa no mesmo lugar.

Para a comunicação visual, faça marcação com dois traços verticais nas pausas mais prolongadas e nos finais de frases. Esses seriam os instantes em que você deveria olhar para as pessoas. Você lerá em silêncio as duas ou três palavras que antecedem os dois traços e irá pronunciá-las olhando para os ouvintes.

Você poderá fazer as marcações sempre que achar importante, mas com o tempo se sentirá tão à vontade na leitura que não precisará mais marcar os textos. Pela experiência, saberá quais os locais mais indicados para fazer as pausas e olhar para o público.

Pedir que os fiéis acompanhem na Bíblia os trechos que você está lendo é uma excelente forma de manter a atenção e interagir com o público.

Recursos de apoio

É raro encontrar um pregador que não utilize apoios escritos. Há dois recursos de apoio que ajudam muito nas pregações: o roteiro escrito e o cartão de notas. Mesmo a Bíblia sendo a essência e a razão da mensagem, também poderá ser considerada como apoio, pelo fato de servir praticamente o tempo todo como fonte de consulta para o pregador.

Roteiro escrito

Este recurso é indicado especialmente para as pregações mais complexas, nos casos em que o pregador desenvolve um grande número de reflexões que exigiriam muito esforço de memória para as diferentes etapas da pregação. Sua utilização é simples, mas exige bastante preparo do pregador, já que para ser bem-sucedido ele deverá organizar a sequência da pregação de maneira lógica e bem concatenada.

O roteiro escrito é constituído de frases que o pregador relaciona em uma folha de papel para que possa lembrar com mais facilidade a sequência da pregação. O tamanho da frase varia de acordo com a necessidade do pregador. Às vezes, duas ou três palavras podem ser suficientes para saber que parte da mensagem deverá ser desenvolvida naquele momento. Em outras situações, são necessárias frases longas para servir de apoio ao conteúdo a ser exposto.

Durante a pregação, você lê a frase e depois faz suas considerações. Amplia as informações, associa ideias, critica ou elogia fatos, analisa comportamentos, explica as palavras do Evangelho. Terá com esse recurso a segurança de contar com as etapas relacionadas no roteiro e a liberdade para desenvolver o raciocínio diante do público.

Além de garantir que todo o conteúdo da pregação será apresentado, o roteiro escrito dá segurança e tranquilidade ao pregador, que não precisará se preocupar se irá ou não se esquecer de alguma informação relevante que havia planejado para a pregação. É interessante notar que só o fato de o pregador ter certeza de que se alguma informação escapar de sua memória poderá recuperá-la no roteiro escrito, fará com que ele se sinta tão confiante que não terá problemas de esquecimento.

Cartão de notas

O cartão de notas é utilizado principalmente nas pregações menos complexas. São palavras ou pequenas frases que o pregador relaciona em uma folha de papel para se certificar de que a sequência planejada será seguida. Além dessas palavras, você poderá incluir também números, dados, cifras, datas, versículos, enfim, qualquer informação que poderia exigir esforço de memória.

Durante a pregação, bastará bater os olhos no cartão para ter certeza de que está mesmo cumprindo as diversas partes programadas. Veja que esse recurso difere do roteiro escrito. No roteiro você lê as frases e faz os comentários, enquanto no cartão de notas, apenas verifica se está seguindo a sequência que planejou para a pregação.

Alguns pregadores costumam fazer uma associação dos dois recursos. Essa estratégia dá bons resultados. Ora o apoio funciona para que o pregador leia a frase e faça os comentários, ora serve para que ele confirme a sequência que planejou.

Esquema mental

O esquema mental é utilizado nos casos em que o pregador tem muita segurança e domínio do conteúdo a ser exposto. Divide a pregação em quatro ou cinco partes e as memoriza. Não será difícil guardar na memória essas etapas e também terá a liberdade para desenvolver a mensagem durante a pregação.

Se optar pelo esquema mental, nas ocasiões em que não se sentir tão seguro, leve como reserva para alguma emergência também um roteiro escrito ou cartão de notas. Não arrisque. Tenha à sua disposição tudo de que puder lançar mão para garantir o sucesso da sua pregação.

Em todas as circunstâncias, tendo ou não domínio da mensagem que irá pregar, você deverá se preparar exaustivamente para dirigir a palavra aos fiéis. Não importa se usa um roteiro escrito, cartão de notas ou esquema mental. Nunca imagine que, pelo fato de ter sido bem-sucedido em determinada pregação, esse triunfo garantirá o sucesso das próximas apresentações.

A experiência ajuda, dá confiança e contribui para o bom desempenho no púlpito. Entretanto, isso não é suficiente para garantir a vitória de todas as pregações. Encare cada experiência como um novo desafio a ser vencido. Assim, não irá se acomodar nos louros dos triunfos e não será surpreendido com resultados negativos.

Nada impede, todavia, que o pregador inclua na sua mensagem informações que surjam quando já estiver diante do público. A inspiração divina, a reação dos ouvintes e a emoção da circunstância podem fazer com que associe ideias, descubra novos caminhos, recorde detalhes que não foram imaginados durante a fase de preparação. Esses dados improvisados costumam dar vida e tornar ainda mais atraente a pregação.

Fala memorizada

Quase sempre a fala decorada é desaconselhável. Se o orador decorar toda a pregação, palavra por palavra, e diante dos fiéis se esquecer de um termo na sequência de ideias importantes, talvez fique desestabilizado e até nem saiba como continuar a apresentação.

Além do esquecimento, outro risco da fala decorada é o artificialismo. Quem decora normalmente se apresenta com aquele brilho nos olhos próprio daquele que está apenas concentrado no que foi memorizado e, portanto, distante dos ouvintes. Esse distanciamento pode ser percebido também em outros aspectos do comportamento do pregador, como pausas inadequadas, fala monótona, falta ou excesso de interpretação, formulação de frases que fogem da espontaneidade e ausência de expressividade no semblante.

Sem contar que, por mais bem planejada que tenha sido uma pregação, ela deve levar em conta também a emoção do momento, a reação dos ouvintes, os imprevistos. Quem decora fica tão preocupado em não se esquecer do que guardou na memória que não consegue aproveitar o que está ao seu redor. Ao não se valer das circunstâncias, perde a oportunidade de mostrar aos ouvintes como a pregação é apropriada para aquela ocasião.

Há pregadores, entretanto, que decoram com grande facilidade, sabem interpretar muito bem a mensagem e conseguem contornar com tranquilidade e competência os imprevistos e obstáculos que surgem ao longo da apresentação.

Essa habilidade possibilita ao pregador memorizar palavra por palavra toda a pregação, ou parte dela, com a certeza de que será bem-sucedido.

Um defeito comum em quem memoriza a fala, por mais que tenha facilidade para reter longos textos na cabeça, é o de se expressar com tom de voz característico de quem decora. O receio de se perder na sequência da apresentação faz com que o pregador algumas vezes passe muito rápido sobre as pausas, tirando a espontaneidade tão necessária para se aproximar e conquistar o público.

Por esse motivo, mesmo que você tenha facilidade para decorar, procure sempre ensaiar exaustivamente todas as passagens da pregação até sentir que a comunicação atingiu um bom nível de naturalidade. Treine em especial as pausas e a interpretação do sentimento das palavras. Observe ainda se os gestos e a expressão facial estão em harmonia com o tom de voz e a mensagem.

Outro risco é cair no comodismo. Como decorar dá trabalho e exige muito esforço, alguns pregadores acabam se acomodando e repetindo a mesma mensagem, às vezes até para o mesmo público. Caso fique tentado a repetir, resista e encontre forças e motivação para se preparar para uma nova mensagem.

Se você tiver dificuldade para decorar, não arrisque. Lance mão de um recurso de apoio como o roteiro escrito, o cartão de notas ou pelo menos um esquema mental para se sentir seguro e confortável durante a pregação.

Improviso

Não se concebe a ideia de um pregador falar de improviso sem ter se preparado de maneira conveniente para se dirigir ao púlpito. Falar sem preparo é negligência e até falta de respeito com os fiéis e com Deus. Como um pregador pode se apresentar como instrumento da palavra do Senhor sem ter refletido profundamente sobre o que vai transmitir?!

É comum ouvir dizer que um pregador falou de improviso pelo fato de ter transmitido a mensagem contando apenas com algumas poucas anotações e, em certos casos, até sem nenhum recurso de apoio. Embora os ouvintes considerem que o pregador tenha falado de improviso, na verdade ele não improvisou sua fala. É provável que tenha consumido horas planejando cada passo de sua pregação. Dirigiu-se ao púlpito sabendo exatamente o que falaria em todas as etapas, desde o início até a conclusão.

Como disse Mark Twain: "Geralmente preciso de mais de três semanas para preparar um bom improviso". Não é, portanto, desse tipo de improviso com tempo de preparação a que estamos nos referindo, mas sim daquele em que o pregador é obrigado a elaborar a linha de raciocínio no momento de se apresentar.

Ainda que o pregador seja diligente e bastante criterioso, haverá circunstâncias em que precisará falar sem o preparo adequado. Especialmente quando angaria fama e notoriedade, vez ou outra poderá ser convidado de última hora a usar a palavra em público, sem condições de se furtar ao compromisso. Também, mesmo sendo criterioso e consciente de suas responsabilidades, pelas atribulações do dia a dia, não ficará imune a ter de pregar sem tempo hábil de pesquisar e meditar com calma sobre o tema. Talvez não tenha existido ainda um grande orador que em algum momento não tenha precisado improvisar. Nessas hipóteses, que devem ser raras, o uso do improviso não significa que o pregador não conheça a matéria de sua pregação, pois se assim fosse não deveria falar.

Apenas, por um motivo ou outro, não conseguiu organizar de maneira conveniente a sequência da sua exposição. Por isso, precisa alinhavar o rumo do discurso ao mesmo tempo que se apresenta.

Como você poderá ter de enfrentar a situação de precisar falar de improviso, o primeiro conselho é que evite o máximo que puder ser apanhado desprevenido. Ao se dirigir a qualquer reunião ou evento, por mais remota que possa ser a possibilidade, reflita sobre a chance de ser convidado a falar. Pense, se for chamado a se apresentar diante do público, o que poderia dizer? Para encontrar resposta a esta indagação, comece analisando alguns aspectos que cercam a situação:

- Qual o objetivo do evento?
- O que motivou os ouvintes a se dirigirem àquele local?
- Por que você foi convidado?
- Por que você aceitou o convite ou tomou a iniciativa de participar?
- Quem são as pessoas que estarão presentes?

A resposta a essas questões e a outras que você puder imaginar dará condições para refletir sobre uma mensagem adequada para uma possível apresentação. Mesmo que você não seja convidado a falar, com esse rápido preparo vai se sentir mais confortável no ambiente e terá treinado uma forma de planejar suas apresentações.

Se, entretanto, você for apanhado de surpresa, precisará organizar a sequência da apresentação no momento em que dirige a palavra à plateia. Para isso, terá de ganhar tempo para pôr os pensamentos em ordem.

Uma boa estratégia para enfrentar esse desafio e se sair bem diante dos ouvintes é escolher um assunto sobre o qual você tenha bastante conhecimento. Pode ser uma passagem da Bíblia, uma tese filosófica, um fato histórico, uma notícia que esteja acompanhando com interesse, fatos que tenha presenciado, enfim, qualquer tema que domine com profundidade. Enquanto fala sobre esse tema que conhece bem, terá condições de organizar a sequência do raciocínio. Em seguida, você encontra uma ideia de ligação e associa o assunto que você domina com a mensagem que precisa desenvolver.

O ouvinte não sabe distinguir se você fala de um assunto preparatório ou não. Ele recebe a mensagem como se fosse uma só, desde o início até a conclusão. Como você demonstrará desenvoltura e desembaraço no tema que conhece bem, o ouvinte receberá a mensagem como se fosse apenas uma o tempo todo e terá a impressão de que você tem domínio da matéria toda.

Vimos que um risco de quem decora as pregações é se entregar ao comodismo e cair na tentação de repetir mensagens já transmitidas. No caso de ter de falar de improviso, como saída emergencial, use o tema de alguma pregação que já tenha feito. Como tratará de um conteúdo que já abordou, você se sentirá confortável para desenvolvê-lo e em condições de associá-lo, com mais facilidade, ao assunto que é o objetivo da sua apresentação.

Tenha sempre guardada uma boa história para usar nessas situações. Esse recurso despertará o interesse dos ouvintes, tornará sua fala mais fluente e atraente, além de dar mais segurança para que o improviso se realize com desenvoltura e eficiência.

Se outros pregadores se apresentarem antes de você, poderá aproveitar informações que transmitiram e incluí-las no seu discurso, desde que elas tenham ligação direta ou indireta com a sua mensagem. O aproveitamento dessas circunstâncias dará atualidade à apresentação, material para compor a mensagem e segurança para elaborar o pensamento.

A fala de improviso quase sempre deve ser de curta duração. Quando alguém fala sem ter planejado bem a apresentação, geralmente se perde na sequência da exposição, se vale de repetições e demonstra hesitação. Por isso, quanto mais depressa concluir, melhor.

E se der branco?

O melhor remédio contra o branco é o preparo. Quanto mais você se preparar, menores serão as chances de se perder no momento da pregação. Outro recurso é o que já foi indicado: levar algumas anotações para o caso de a memória falhar. Como vimos, o simples fato de saber que, se alguma informação escapar, as anotações poderão socorrê-lo, será suficiente para você se sentir mais confiante e, provavelmente, menos sujeito ao esquecimento.

Supondo, entretanto, que dê branco e que você não possa contar com nenhum recurso de apoio, algumas atitudes emergenciais poderão ajudá-lo. Embora seja difícil seguir esta orientação, ela é extremamente importante: faça o possível para não entrar em pânico. Se ficar desesperado, a pressão será ainda maior e você terá mais dificuldade para recuperar a sequência do raciocínio. Por isso, procure manter a calma. E se após a primeira ou a segunda tentativa não conseguir resgatar as informações, tente algumas das seguintes estratégias:

- **Repita a última frase.** Se depois de tentar uma ou duas vezes ainda não tiver recuperado a sequência do pensamento, repita a última frase que acabou de pronunciar.

Em alguns casos, isso funciona bem. É como se quisesse dar ênfase àquela informação.

- **Diga: "Na verdade o que eu quero dizer é...".** Incrível como esse recurso dá resultado. Com essa expressão, você se obrigará a encontrar um novo caminho para explicar a mensagem e se livrará da armadilha. Dá certo em praticamente todas as situações.
- **Avise que voltará ao tema.** Se nenhuma das tentativas anteriores funcionar, simplesmente diga aos ouvintes que voltará a abordar o tema mais à frente. Dessa forma, sem pressão, no desenrolar da pregação talvez se lembre do que pretendia dizer, e se a informação ainda for relevante, poderá encaixá-la no contexto da mensagem.

Definição e preparo do tema

Este é o momento da criação. É o instante do "dilema da página em branco", ou melhor dizendo para os nossos dias, do "dilema da tela em branco" (embora alguns poucos pregadores ainda afirmem que se sentem mais à vontade para criar diante de uma folha de papel).

Talvez seja um dos momentos mais solitários para o pregador. Ele olha para a tela branca do computador e chega a se sentir, às vezes, impotente diante do cursor que aparece e desaparece de maneira ritmada, constante e insistente.

Não é recomendável tentar redigir a pregação nesse momento. A preocupação agora deve ser encontrar as ideias, os temas e os exemplos que irão compor a mensagem.

O pregador precisa se conscientizar o tempo todo de que o objetivo da pregação deve ser ensinar aos fiéis os caminhos da salvação. Para esse fim, é a palavra de Deus que estará presente na pregação.

A escolha do assunto

Esta é a descoberta mais importante: o assunto principal da pregação. Toda a pregação irá girar em torno desse tema. Mesmo que surjam outras ideias importantes, essas deverão se subordinar ao assunto principal.

A escolha do assunto poderá se dar a partir de alguma questão que envolva a comunidade dos fiéis, ou de determinada passagem da Bíblia que, de acordo com o entendimento do pregador, seja importante naquele momento para a vida dos frequentadores da igreja. Uma ideia poderá se transformar no estopim para todo o desenvolvimento da pregação. Por exemplo, "O amor", "A paciência", "A tolerância". O pregador precisa ter em mente também que deverá tratar sempre de um assunto de cada vez. É Vieira quem diz: "O sermão deverá ter um só assunto e uma só matéria".[23]

Há situações em que o pregador é convidado a falar. Nessas circunstâncias pode ocorrer de o tema já ser determinado por quem faz o convite. Nessa situação o trabalho de criação se torna mais restrito, dependendo apenas dos assuntos que serão subordinados ao tema principal e à escolha dos exemplos.

Decidido qual será o assunto principal, começa a fase da pesquisa para elaborar a pregação.

A pesquisa do tema

Antes de recorrer à pesquisa em livros, jornais, revistas, sites, modelos de pregações e outras fontes externas, o

23 Vieira, *op. cit.*, Tomo I, p. 41.

pregador deve buscar informações em seus próprios conhecimentos. Lá no seu arquivo mental será possível encontrar abundante riqueza de conteúdo. Os estudos que realizou, as pregações que já fez, as que já ouviu, os livros que leu, os filmes e as reportagens a que assistiu, as conversas que manteve com outros pregadores e especialistas, enfim, todo conhecimento assimilado ao longo da vida será extremamente útil nesse primeiro momento.

Anote esses dados sem nenhuma censura. A regra para esse primeiro passo é escrever tudo o que vier à cabeça e que tenha ligação direta ou indireta com o assunto que pretende desenvolver.

Às vezes, determinada informação pode parecer irrelevante na composição da mensagem, mas no momento da pregação, a partir da reação dos fiéis, ou da associação de algumas ideias motivadas pela energia do púlpito, aquela nota aparentemente insignificante poderá ser utilizada de maneira bastante adequada e criativa.

Além desse benefício, mesmo que o pregador não chegue a utilizar a informação, ela irá compor um conjunto de conhecimento que dará a ele a segurança de poder contar com volume extra de informações, não se limitando apenas ao que preparou especificamente para aquele momento.

Conversar com colegas e pessoas experientes

Depois de refletir bem sobre o tema e procurar contribuições da própria experiência armazenada na memória, vale a pena conversar com alguma pessoa que possa ajudá-lo com informações objetivas a respeito do assunto da pregação ou com indicações de fontes de consulta para orientar o desenvolvimento da pesquisa. Uma simples observação indica, às vezes, um bom caminho a ser percorrido. Essas trocas de ideias, além de produzir resultados para o assunto da pregação, poderão servir como subsídio para outros temas que venham a ser desenvolvidos em novas oportunidades.

O pregador poderá descobrir as informações que necessita em uma conversa improvisada, sem nenhum esquema predeterminado, apenas trocando ideias a respeito do tema. O ideal, entretanto, é que se prepare para esse momento com um roteiro de perguntas que lhe permita extrair do interlocutor o maior número de informações que puder. Esse planejamento evita o desperdício de tempo e amplia as chances de obter o material de que precisa.

Não raro, uma boa conversa de aproximadamente uma hora pode fornecer mais subsídios para a pregação que um dia de pesquisa em livros, jornais, revistas e internet. A emoção da conversa é insubstituível. As informações ficam impregnadas na mente e, diante da plateia, ajudam a dar mais fluência à comunicação. Sem contar que, ao conversar, o pregador estará praticando a atividade que desenvolverá no púlpito – a verbalização. Quanto mais o pregador puder conversar sobre o tema da pregação, mais exercitará a comunicação oral.

Pesquisa em livros, revistas, jornais e internet

Poderíamos incluir aqui os exemplos dos bons pregadores. Essas pregações, entretanto, devem servir como apoio para observar o estilo e as ideias tratadas por aqueles que conseguem envolver os fiéis com sua excelente capacidade de comunicação. Jamais essa pesquisa deverá servir para copiar o que já foi feito. Seria dos piores equívocos que o pregador cometeria. Essa tentação por plagiar, principalmente nos momentos de pressão, quando o pregador se sente impotente, sem ideias e com pouco tempo para concluir o que vai expor no púlpito, precisa ser afastada a todo custo. Você deve resistir e fazer o que puder com seus próprios esforços.

Também seria um erro repetir alguma pregação que já tivesse feito, mas entre copiar outro pregador e repetir sua própria pregação, é preferível ficar com este último deslize. Se escolher novos exemplos ou utilizar passagens diferentes do Evangelho, poderá se valer de uma roupagem distinta e tornar aquela sua velha mensagem ainda bastante atraente. Dessa forma, se sentirá confortável e em condições de explorar com mais confiança sua característica espontânea de se comunicar.

Ninguém pode dizer que não tem condições de pesquisar sobre qualquer que seja o tema que pretenda apresentar. Todos os assuntos poderão ser encontrados na internet, seja em sites, seja em livros digitais. Será simples fazer cruzamento de informações e ampliar as pesquisas a partir dos dados coletados. O pregador precisa ter cuidado especial com a fonte das informações. Não pode confiar na primeira informação que encontrar. Não basta checar com um ou dois sites diferentes, pois, às vezes, a origem é viciada. Uns vão copiando os outros e, se a matriz estiver equivocada, todos incorrerão no mesmo erro. Portanto, antes de aceitar o resultado da pesquisa como verdadeiro, verifique se a fonte merece crédito. Se a pesquisa for em sermões modernos e a fonte estiver apenas na internet, procure também os vídeos do pregador, normalmente disponíveis no YouTube.

Observando a linguagem e o estilo do orador, mesmo que você não encontre a informação que gostaria de utilizar nos vídeos, será possível identificar se foi mesmo aquele pregador que transmitiu tal informação.

Nesse sentido, os livros, de maneira geral, são mais confiáveis. Se a obra for de um bom autor e se a editora que o publicou for renomada, será meio caminho andado para aceitar as informações. Procurar livros depois das pesquisas realizadas na internet é uma boa estratégia para ter mais confiança nos dados.

Montar um arquivo com todas as informações relevantes que forem encontradas poderá ajudar muito nas próximas buscas que tiver de fazer. Essas anotações se transformarão em fonte permanente de consulta. Sempre que o pregador tiver de efetuar nova pesquisa, já terá uma base preciosa ou com as informações que necessitar, ou ainda com indicações dos caminhos que deverá percorrer para dar sequência às suas pesquisas.

Agostinho de Hipona, entretanto, tem uma tese particular sobre o fato de um orador pregar discurso feito por outro. Afirma o teólogo que existem pessoas capazes de pronunciar muito bem um discurso, mas incapazes de o compor. Justifica sua opinião dizendo que as ideias expressas por quem compôs o discurso são da propriedade de Deus. E são também de Deus os que não souberam compor por si próprios, mas vivem conforme essas ideias.

A fronteira entre o plágio comodista e o uso da palavra que pertence a Deus é muito sutil e, quase sempre, imperceptível.

Caberá a você, como pregador, avaliar, de maneira honesta, se empreendeu todos os esforços na tentativa de compor seu próprio discurso. Se julgar que sua competência fica aquém dessa empreitada, e resolver lançar mão do discurso preparado por outro orador, porque essa fala representa efetivamente a palavra de Deus, tenha sempre a honestidade intelectual de citar a fonte.

A Bíblia

Será que a Bíblia não deveria estar em primeiro lugar em todas as sugestões de pesquisa? Sim, e já falamos sobre isso em vários momentos. Não apenas deveria estar em primeiro lugar como ser a maior e mais importante fonte de consulta. E não somente para pesquisar vez ou outra, mas sim para leitura de todos os momentos. Na verdade, o pregador deveria estar tão familiarizado com sua leitura que bastaria ter a ideia do que seria pregado para que fosse naturalmente às diversas passagens das Escrituras Sagradas e escolher aquela que julgasse mais adequada para a ocasião. Nunca será demais repetir que a pregação é a proclamação da palavra de Deus. E a palavra do Senhor é o Evangelho. E o pregador, seu arauto. Logo, tudo que o pregador disser deverá ser a interpretação fiel da palavra do Pai – "vão pelo mundo todo e preguem o evangelho a todas as pessoas" (Mar 16:15).[24]

24 Almeida, *op. cit.*, p. 64.

Organize as informações

Pronto. O pregador já pesquisou na própria memória. Conversou com pessoas experientes. Vasculhou a internet. Leu livros, revistas e jornais. Fez da Bíblia sua companheira de todos os momentos. Chegou a hora de organizar as informações e planejar definitivamente a pregação. Embora essa sequência para pesquisa seja recomendável, não significa que o pregador não possa alterar a ordem ou até utilizar dois ou mais recursos simultaneamente. A pesquisa na própria memória, por exemplo, estará sempre presente na busca de informações. O pregador pesquisa na internet, consulta livros, conversa com pessoas experientes, mas está o tempo todo associando as informações levantadas com sua experiência.

Para organizar as informações, é importante que o pregador tenha feito anotações. Quem já passou por essa experiência sabe bem o que ocorre. Quando surge uma informação importante, quase sempre a impressão é de que, por ser relevante, jamais fugirá da memória. Pouco depois bate o desespero – o pregador tenta se lembrar dos dados já pesquisados, mas não consegue. Pior, não tem a mínima ideia da fonte onde estava aquela informação tão fundamental para determinada etapa da pregação. Por isso, nada de confiar na memória. É preciso desenvolver o hábito de anotar tudo o que for pesquisado, mesmo que pareça ser importante demais e que, por isso, não será esquecido; ou por parecer insignificante, julgando por esse motivo que não será utilizado.

Nessa etapa da preparação, o pregador deverá separar as informações que julgar mais importantes para compor a mensagem e verificar que exemplos e ilustrações se aplicam de forma adequada a cada uma delas. Já poderá definir os elementos de transição, as ideias de ligação de uma parte com outra, mesmo que depois resolva alterar a ordem estabelecida. O importante é dar unidade ao conjunto pesquisado.

Organização do conteúdo

Mais à frente estudaremos de maneira detalhada todas as etapas da pregação. Analisaremos passo a passo as regras mais eficientes para conquistar os fiéis na introdução, os recursos apropriados para facilitar o entendimento na preparação, as estratégias seguras para desenvolver a mensagem central, as táticas recomendadas para refutar as possíveis objeções e os planos adequados para a conclusão. Antes, porém, vamos analisar como você pode organizar o conteúdo da pregação para que a mensagem seja transmitida de forma completa e consistente.

Quando a mensagem é elaborada a partir de pontos de apoio se torna mais simples para o pregador desenvolver o raciocínio e mais fácil para os fiéis acompanharem a sequência da pregação. São recursos que permitem estruturar a mensagem de forma mais rápida e consistente. Vamos estudar alguns dos recursos mais importantes para organizar o conteúdo da pregação.

De todos os meios disponíveis, por causa dos exemplos do Evangelho, que sempre deverão estar presentes nas pregações, já que são a própria razão de existir do pregador, *as semelhanças* e *os contrastes* têm aplicação mais comum e imediata. O uso de um ou outro recurso, entretanto, dependerá dos seguintes fatores:

- Conhecimento que o pregador tenha sobre a matéria.
- Condições para efetuar as pesquisas.
- Interesse que o método provocará nos fiéis.
- Facilidade de entendimento dos ouvintes.
- Utilidade para atingir os objetivos da pregação.

Desde que contribuam para o bom resultado da pregação, os recursos para organizar o conteúdo poderão ser usados de maneira isolada ou simultânea.

Semelhanças e contrastes

Este recurso consiste na busca de reflexões, deduções e ensinamentos a partir da análise dos aspectos comuns e/ou divergentes de dois ou mais temas. Permite as combinações mais variadas, e, dependendo da circunstância, o pregador poderá de maneiras distintas se valer das semelhanças e dos contrastes para desenvolver a mensagem comparando as passagens da Bíblia e a realidade dos ouvintes. Mas é importante lembrar que o pregador não deve usar fatos do cotidiano para exemplificar os ensinamentos da Bíblia, pois ela sim é que deverá servir de esteio e ser a fonte de referência para o entendimento de todas as situações.

Veja como exemplo este trecho do sermão "A cura de um cego de nascença", proferido pelo Príncipe dos Pregadores, Charles Haddon Spurgeon:

> "Desde o princípio do mundo nunca se ouviu que alguém abrisse os olhos a um cego de nascença." (Jo 9:32)[25]

> É totalmente verdade: não havia exemplo algum, até então, registrado nas Escrituras ou na história profana, na época em que esse homem disse isso, de pessoa nascida cega que tivesse obtido a visão.
>
> Creio que foi somente no ano de 1728 que o famoso dr. Cheselden, do Hospital St. Thomas, alcançou, pela primeira vez na história da medicina, a maravilha de dar visão a um homem que era cego desde a juventude, por meios humanos. Desde então, a operação de catarata tem sido realizada de maneira bem-sucedida em pessoas portadoras de cegueira, por esse motivo, de maneira congênita. Naqueles tempos antigos, portanto, estava o mendigo desse texto bíblico inteiramente certo ao declarar, pois nenhuma pessoa que houvesse nascido cega fora até então curada dos olhos, nem por habilidosos cirurgiões, nem mesmo por milagre.
>
> Esse homem era, por outro lado, sem dúvida alguma, um entendido em cegueira. A falta total de visão dominava sua consciência completa e profundamente desde que obtivera o entendimento das coisas, pois desde bem pequenino ele habitava sob sua sombra perpétua. Era, por assim dizer, um dos homens daquela cidade que mais

25 Almeida, op. cit.

> entendia do assunto. Contudo, que tristeza, apesar de todo esse seu conhecimento e sofrimento, ele nunca havia encontrado qualquer base ou fundamento com que pudesse alimentar a mais débil esperança de um dia vir a enxergar. Tendo certamente já ouvido de todos tudo a respeito da cegueira e de como poderia ou não ser a deficiência corrigida ou eliminada, havia chegado à desalentadora convicção de que ninguém na mesma situação que a sua, cego de nascença, jamais fora curado em alguma parte do mundo – uma conclusão, sem dúvida, terrivelmente arrasadora para ele. Nosso Senhor Jesus Cristo fez por ele, deste modo, aquilo que jamais fora feito antes a qualquer ser humano sobre a face da Terra.
>
> Essa atitude tão amorosa do nosso Senhor parece-me estar cheia de muita consolação para qualquer pessoa aqui presente que possa estar tomada da ideia de que o seu caso é o mais triste e o mais desesperador de todos. Talvez o seu caso não seja assim tão único ou tão especial como você acha. Mesmo que aceitássemos sua suposição, quero lhe afirmar que não há espaço ou motivo algum para desespero, pois Jesus se deleita sempre em abrir novos e novos caminhos de sua graça. O Senhor é criativo em amor e vislumbra constantemente novos modos de misericórdia.[26]

Veja como a pregação se torna simples, atraente e instigante com essa narrativa apoiada em semelhanças e contrastes. Queremos acompanhar até o final e ficamos tentados a saber qual será a mensagem completa. O pregador se vale

26 Spurgeon, Charles Haddon. *Milagres e parábolas do Nosso Senhor*. São Paulo: Hagnos, 2016, p. 257.

das situações aparentemente impossíveis de serem superadas para que se entenda e se tenha esperança e crença na bondade de Deus.

É possível observar ainda que, além das semelhanças e dos contrastes, o pregador, ao mesmo tempo, se valeu da abordagem no tempo, que analisaremos a seguir.

Abordagem no tempo

A narrativa com apoio na abordagem no tempo, traçando paralelos entre fatos ocorridos em diversos momentos no passado, que ocorrem no presente e ocorrerão no futuro, se transforma numa espécie de história. Por isso, além de facilitar a sequência do raciocínio do pregador, atrai os ouvintes, que passam a se interessar pelos episódios relatados.

Este exemplo de Manuel Bernardes ilustra bem a abordagem no tempo. Observe que o pregador lançou mão simultaneamente das semelhanças e dos contrastes:

> Em uma coluna do templo de Tebas estavam escritas de letra grande muitas pragas e maldições contra Merídio, que se dizia haver sido o primeiro que entre os egípcios inventou o dinheiro, exterminando o modo mais sincero e quieto com que até então governavam. Mas isto de amaldiçoar o dinheiro pouco tem que fazer; no ter ânimo para o desprezar e demitir, está a dificuldade. [...]
> Mais é o que fez Crates, filósofo cínico, que, reduzindo todos seus bens a moeda, a lançou ao mar, dizendo: Antes que vós me afogueis, vos afogo. Se bem que outros dizem que pôs o dinheiro na mão de um contratador com pacto de que, se seus filhos fossem filósofos, o distribuísse

a pobres, porque, tendo ciência, não lhes estava bem ter fazenda; mas, se fossem idiotas, lho restituísse, para não ficarem destituídos totalmente, porque naqueles termos também os julgava por pobres e os preferia por filhos.

Mas advirta-se que na sobredita doutrina não se condena o ter riquezas, senão o usar mal delas; nem o ter um no seu cofre ou escritório o ouro que lhe é necessário, senão o ter o coração no ouro, ainda que seja supérfluo [...]. Os bens temporais [...], para que não cuidássemos que eram maus, dá-os Deus também aos bons, e, para que não cuidássemos que eram grandes bens, dá-os também aos maus. [...] Quando com a pobreza dos bens terrenos concorre a das virtudes, muito maus conselhos dá aquela e muito maus toma estoutra. Pelo contrário, quando o ouro da terra se ajunta com o do Céu, que é a caridade, um e outro dão grande nobreza e resplendor às boas obras, porque então pode a pessoa o bem que quer e quer o bem que pode. [...]

Com que do mau uso destes bens a ocasião extrínseca está neles, mas a raiz intrínseca está em nós mesmos. Serão bons, se nós quisermos ser bons; e são maus, porque costumamos ser maus. [...]

É porque os bens terrenos e exteriores em si não são bons nem maus; a diferença está no fim e modo de quem usa deles, para servir a Deus ou ao demônio. Se Judite aparecera enfeitada a Holofernes para mau intento, não a louvara a Escritura por santa; e, se Jezabel com bom intento aparecesse enfeitada a el-rei Jeú, não a vituperara a mesma Escritura por pecadora. Ambas se ornaram, ambas apareceram, ambas pretenderam agradar; mas a que fim? Já daqui por diante as linhas não correm paralelas, porque uma se encaminha ao Céu, outra ao

> inferno; Judite pretendia servir a Deus, livrando o seu povo; Jezabel pretendia servir o diabo, cativando a Jeú. Logo o nosso uso está intrinsecamente o mal ou bem dos bens terrenos.[27]

Bernardes usa a narrativa histórica e ao mesmo tempo estabelece comparações por meio de semelhanças e contrastes para que o ouvinte entenda os ensinamentos da Bíblia para sua conduta de vida.

Abordagem por comparações

Este recurso é muito parecido com as semelhanças e os contrastes. A diferença é que as comparações se limitam apenas a contrapor duas ideias ou dois fatos, enquanto as semelhanças e os contrastes se valem de um ponto comum para que as ideias ou os fatos sejam avaliados. Devido à sutileza das distinções, com frequência os recursos são tomados um pelo outro.

Neste exemplo, podemos observar como Billy Graham usa o recurso da comparação entre a distância do arremesso de uma bola de beisebol e a distância atingida pela palavra de Deus:

> Hoje, tantos anos depois, ainda gosto de assistir a um jogador cruzando a base do batedor, mas nada me emociona mais do que ver o Espírito Santo trabalhando nos corações quando o Evangelho é levado para estádios e

27 BERNARDES, Manuel. *Nova floresta*. Porto: Lello & Irmão. S.d., vol. II, pp. 249-51.

transmitido pelas ondas do rádio e da televisão ao redor do mundo. A bola de beisebol pode ser lançada em direção ao ponto mais distante do maior estádio, mas a palavra de Deus viaja pelos confins mais longínquos da Terra, proclamando as Boas-Novas da salvação. Ainda me emociono só de pensar nesse impacto.[28]

28 Graham, *op. cit.*, Kindle, posição 4%.

Como interpretar e transmitir os ensinamentos da Bíblia

A mensagem da Bíblia é uma só. O pregador não pode se valer de malabarismos verbais para adaptar o ensinamento das Escrituras Sagradas ao que julgar conveniente. Essa distorção deve sempre ser combatida. Alerta Roquete para esse perigo:

> Acautelemo-nos escrupulosamente de alterar o sentido d'um texto, e rejeitemos toda interpretação arbitrária, por muito engenhosa que seja; porque tais interpretações não podem de modo nenhum fazer autoridade.[29]

E busca respaldo nas palavras de Vieira, que não hesitava em criticar os pregadores que não seguiam essa regra:

> Que diferença é o estilo violento e tirânico que hoje se usa? Vir aos tristes passos da Escritura como quem vem ao martírio; uns vêm arrastados, outros vêm estirados, outros vêm torcidos, outros vêm despedaçados, só atados não vêm. Há tal tirania![30]

29 Roquete, *op. cit.*, p. 201.

30 Vieira *apud* Roquete, *op. cit.*, p. 202.

Mesmo tendo o pregador de seguir esses preceitos, nada impede que, sem distorcer a palavra da Bíblia, fale de maneira a obter o melhor resultado para a salvação dos fiéis.

Para exemplificar, vamos analisar a pregação de um mesmo texto sob os ângulos distintos de três pregadores. Já que foi mencionada a parábola do semeador, analisemo-la em determinados trechos a partir da ótica de Rick Warren, Charles H. Spurgeon e Antônio Vieira.

A pregação de Warren se assenta no título "Por que o evangelho deve focar nas pessoas receptivas".

> É um desperdício de tempo pescar em um lugar onde os peixes não estão fisgando. Os pescadores sábios seguem em frente. Eles sabem que o peixe come em diferentes momentos do dia em lugares diferentes. Para aplicar isso ao ministério, você precisa se concentrar nas pessoas mais receptivas em sua área.
>
> Isto não é um princípio de marketing. É um princípio básico do Novo Testamento. Jesus disse na parábola do semeador: Quando você planta a semente, algumas caem no chão rochoso, algumas no solo duro, algumas no chão pedregoso e algumas em bom solo. Não seria ótimo se você soubesse qual é o bom solo e semear suas sementes todas lá? Por que desperdiçar a semente, tempo, esforço, energia e dinheiro? É trabalho de Deus preparar o solo. É nosso trabalho semear a semente. Você não faz a preparação do solo. Deus usa todos os tipos de coisas soberanas como divórcio, crises, morte, problemas econômicos, desligamentos de governo, demissões, um novo bebê e um novo emprego para preparar o solo. Mas Deus usa você para semear.

> O fato é que a receptividade ao Evangelho varia amplamente em diferentes momentos da vida das pessoas. Às vezes as pessoas estão muito abertas ao Evangelho e às vezes elas estão muito fechadas. E receptividade não dura para sempre.
> Jesus sabia disso muito bem, e então ele disse: "Vá para as pessoas que escutarão". Quando enviando os discípulos para evangelizar, ele disse: "Se uma casa ou cidade se recusa a recebê-lo ou ouvi-lo, saia daquele lugar e sacuda a poeira dos seus pés".[31]

Observemos agora a maneira distinta com que Spurgeon aborda a mesma ideia. A pregação de Spurgeon se assenta no título "Semeando em meio a espinhos":

> Sabem por que motivo tantos cristãos que professam sua fé são como o solo espinhento? Porque em tais pessoas falta ocorrer os processos que levariam a alterar a condição das coisas. É tarefa do lavrador arrancar os espinhos ou queimá-los logo. Há alguns anos, quando as pessoas se convertiam, ocorria algo chamado convicção do pecado. O grande e profundo arado da angústia era usado para revolver o fundo da alma. Fogo também consumia a mente e o coração com excessivo calor: à medida que os homens identificavam o pecado, sentindo tudo o que fora por ele produzido, ia sendo queimado o amor pela transgressão. Hoje não; somos martelados com coisas como a da salvação rápida. Quanto a mim, acredito, sim, na conversão instantânea, e muito me

31 Warren, Rick. *Why Evangelism Should Focus on Receptive People.* Disponível em: <http://pastors.com/why-evangelism-should-focus-on-receptive-people/>. Acesso em: nov. 2016. Tradução livre.

> alegro percebê-la; mas fico ainda mais alegre quando vejo um extenso trabalho da graça, um profundo senso do pecado e feridas verdadeiras causadas pela lei. Jamais conseguiremos remover espinhos com arados que mal arranham a superfície. O melhor trigo nasce no campo que é melhor arado. É mais provável que os convertidos suportem melhor quando os espinhos não conseguem crescer por terem sido retirados.[32]

Vieira também usa a mesma parábola para comunicar mensagem específica para os pregadores:

> Os ouvintes, ou são maus ou são bons: se são bons, faz neles fruto a palavra de Deus; se são maus, ainda que não faça neles fruto, faz efeito. No Evangelho o temos. O trigo que caiu nos espinhos, nasceu, mas afogaram-no. O trigo que caiu nas pedras, nasceu também, mas secou-se. O trigo que caiu na terra boa, nasceu e frutificou com grande multiplicação. De maneira que o trigo que caiu na boa terra, nasceu e frutificou; o trigo que caiu na má terra, não frutificou, mas nasceu; porque a palavra de Deus é tão fecunda, que nos bons faz muito fruto, e é tão eficaz que nos maus, ainda que não faça fruto, faz efeito; lançada nos espinhos, não frutificou, mas nasceu até nos espinhos; lançada nas pedras, não frutificou, mas nasceu até nas pedras. Os piores ouvintes que há na igreja de Deus, são as pedras e os espinhos. E por quê? Os espinhos por agudos, as pedras por duras. Ouvintes de entendimentos agudos, e ouvintes de vontades endurecidas, são os piores que há. Os ouvintes de

32 Spurgeon, *op. cit.*, p. 1.568.

entendimentos agudos são maus ouvintes, porque vêm só a ouvir as sutilezas, e esperar galanterias, a avaliar pensamentos, e às vezes também a picar a quem não os pica. O trigo não picou os espinhos, antes os espinhos o picaram a ele; e o mesmo sucede cá. Cuidais que o Sermão vos picou a vós, e não é assim; vós sois os que picais o Sermão. Por isto são maus ouvintes os de entendimentos agudos. Mas os de vontades endurecidas ainda são piores, porque um entendimento agudo pode ferir pelos mesmos fios, e vencer-se uma agudeza com outra maior; mas contra vontades endurecidas nenhuma coisa aproveita a agudeza, antes dana mais, porque quanto as setas são mais agudas, tanto mais facilmente se despontam na pedra. Oh! Deus nos livre das vontades endurecidas, que ainda são piores que as pedras! A vara de Moisés abrandou as pedras, e não pode abrandar uma vontade endurecida. E com os ouvintes de entendimentos agudos, e os ouvintes de vontades endurecidas serem os mais rebeldes, é tanta a força da divina palavra, que apesar da agudeza nasce nos espinhos, e apesar da dureza nasce nas pedras. Pudéramos arguir ao lavrador do Evangelho, de não cortar os espinhos, e de não arrancar as pedras antes de semear, mas de indústria deixou no campo as pedras e os espinhos, para que se visse a força do que semeava. É tanta a força da divina palavra, que sem cortar nem despontar espinhos, nasce entre espinhos. É tanta a força da divina palavra, que sem arrancar nem abrandar as pedras, nasce nas pedras. Corações embaraçados como espinhos, corações secos e duros como pedras, ouvi a palavra de Deus e tende confiança; tomai exemplo nessas mesmas pedras, nesses espinhos. Esses espinhos e essas pedras agora

> resistem ao semeador do Céu; mas virá tempo em que essas mesmas pedras o aclamem, e esses mesmos espinhos o coroem.[33]

Assim, sem distorcer as palavras do Evangelho e atendo-se a elas com submissão e disciplina, poderá o pregador usar o ensinamento de Deus de diversas formas para que o objetivo de sua mensagem seja atingido, pregando a diferentes públicos e atendendo a distintas necessidades dos fiéis.

33 Vieira, *op. cit.*, Tomo I, pp. 34-35.

As etapas da pregação

O pregador efetuou a pesquisa, separou as informações, associou os exemplos e as passagens da Bíblia a cada uma delas, definiu os elementos de transição e organizou o conteúdo da mensagem. A partir deste momento está em condições de definir qual a sequência da pregação, desde o início até a conclusão.

São as seguintes as partes de uma pregação:

- Exórdio
- Preparação
  - Proposição
  - Narração
  - Divisão
- Assunto central
  - Confirmação
  - Refutação
- Conclusão
  - Recapitulação
  - Epílogo

Vamos estudar cada uma delas para que a pregação possa ter uma sequência lógica e concatenada, desde o primeiro contato do pregador com os fiéis até o momento da despedida.

As partes deverão seguir essa ordem proposta em praticamente todas as ocasiões. Nada impede, entretanto, que o pregador altere-as quando julgar que a mudança produzirá benefícios para o objetivo da pregação.

Poderia promover a alteração, por exemplo, se considerar que a introdução seria mais indicada depois da proposição, ou da narração, ou da divisão. Ou ainda que seria mais produtivo juntar dois ou três deles em um só.

Desde que a mudança facilite o trabalho do pregador ou ajude o entendimento dos fiéis, poderá e até deverá ser feita. Por outro lado, se o pregador alterar a ordem e o local das partes apenas por mudar, sem nenhum objetivo determinado, provavelmente correrá o risco de cometer algum equívoco. A sugestão é que durante a fase de elaboração as partes sejam dispostas exatamente nessa ordem recomendada. Durante o ensaio da pregação, aí, sim, poderá avaliar se vale a pena fazer alguma alteração.

Vieira resume magistralmente como o orador deve elaborar a pregação:

> Há de tomar o pregador uma só matéria, há de defini-la para que se conheça, há de dividi-la para que se distinga, há de prová-la com a Escritura, há de declará-la com a razão, há de confirmá-la com o exemplo, há de amplificá-la com as causas, com os efeitos, com as circunstâncias, com as conveniências que há de seguir, com os inconvenientes que se devem evitar, há de responder às dúvidas, há de satisfazer as dificuldades, há de impugnar e refutar com toda a força da eloquência os argumentos

> contrários, e depois disto há de colher, há de apertar, há de concluir, há de persuadir, há de acabar.[34]

Exórdio

O exórdio é a introdução da fala. Segundo Cícero, exórdio é a oração que serve para motivar o ânimo do ouvinte para receber bem o restante da fala. São as palavras pronunciadas logo no início com o objetivo de atrair a atenção para o que será comunicado na sequência.

Embora o exórdio seja a primeira parte da pregação, não deverá ser elaborado em primeiro lugar. Somente depois de ter preparado todas as etapas da pregação é que o pregador irá se preocupar com o exórdio. Como diz Oliveira Dias em sua obra *Novo curso de oratória sagrada*:

> Que o exórdio só se faça depois de feito o discurso, ou pelo menos depois de bem arquitetado e assimilado todo o plano; do mesmo modo que só depois da obra é que se faz adequadamente o prefácio dela. Só assim é que o exórdio será uma verdadeira introdução e apresentação do assunto.[35]

Para que se entenda melhor essa necessidade de se preparar o exórdio apenas quando todas as outras partes já estiverem prontas, vamos analisar uma estratégia que o pregador deverá adotar quando os fiéis nutrirem resistência com relação ao assunto da pregação. Nesse caso, como veremos mais à frente,

34 Vieira, *op. cit.*, Tomo I, p. 42.

35 Dias, *op. cit.*, pp. 257-58.

caberá ao pregador iniciar fazendo referências aos pontos do assunto com os quais concorda com todos os ouvintes. De tal forma que, ao perceberem que as opiniões são coincidentes, eles se desarmarão e sairão da posição defensiva. Com a conquista dessa receptividade, o pregador poderá apresentar sua argumentação com maiores chances de sucesso.

Ora, o pregador só poderá saber que precisará iniciar a pregação tocando nos pontos comuns que tenha com os ouvintes para que abandonem a postura defensiva se souber antes qual o tema que irá desenvolver e que tipo de resistência poderá encontrar. Por isso, deve deixar para planejar o que será dito no início somente depois de ter elaborado todas as etapas da pregação.

Antes de discutirmos sobre as formas aconselháveis e desaconselháveis de iniciar a pregação, vamos fazer algumas considerações sobre o vocativo, a maneira de cumprimentar os ouvintes.

O vocativo

O vocativo faz parte da introdução da fala. Já na maneira de cumprimentar os ouvintes o pregador poderá iniciar o processo de conquista. É uma forma respeitosa de dirigir a palavra aos fiéis e um chamamento da atenção, para que percebam a presença do orador e o início da pregação.

Ao chegar diante dos ouvintes, a maioria dos pregadores inicia sua fala com os cumprimentos. Geralmente isso é feito com um simples "meus irmãos", "bom dia", "boa tarde" ou "boa noite". Pode ser ainda a partir de uma saudação ao Senhor, por exemplo: "Na paz do Senhor". Outros preferem iniciar com um canto em louvor ao Senhor.

O vocativo não deve ser efetuado de maneira seca, como se fosse uma obrigação. É a oportunidade de conquistar a simpatia dos ouvintes já nas primeiras palavras. O pregador deve cumprimentar os fiéis com alegria, entusiasmo, satisfação. Dessa forma, fará com que se sintam bem acolhidos. Quanto mais simpático e gentil for o vocativo, maiores serão as chances de conquistar o público.

O padre P. C. Vasconcellos, a quem já nos referimos, deu um excelente exemplo de como conquistar os ouvintes já na maneira de cumprimentar o público. Foi no início dos anos 1970. Naquela época, havia dois partidos políticos no Brasil, Aliança Renovadora Nacional (Arena) e Movimento Democrático Brasileiro (MDB). A Arena era o partido situacionista, que dava sustentação aos militares que comandavam o país. O MDB era o partido da oposição, composto na sua maioria por políticos e simpatizantes bastante combativos. Dificilmente toleravam os situacionistas.

Pois bem, o padre Vasconcellos, situacionista assumido, foi convidado pelo professor Melantonio para fazer uma palestra em sua escola. Esse era um momento imperdível. Afinal, como ele "sobreviveria" àquela plateia hostil? A maneira como cumprimentou os ouvintes quebrou a resistência do público e fez com que todos o ouvissem com benevolência. Cumprimentou os ouvintes com sorriso sincero no semblante, voz suave e bem pausada, e uma simpatia sedutora: "Minha gente, minha boa gente, muito boa noite". Quem hostilizaria um orador que se comportasse logo no primeiro contato daquela maneira tão bondosa e desarmada?

O pregador precisa ter consciência de que será observado e avaliado pelos fiéis antes de assomar ao púlpito e dizer as primeiras palavras. Por mais sutis que possam parecer, os detalhes não passarão despercebidos. Os ouvintes querem ver o verdadeiro representante do Senhor. Por isso, ao chegar diante do público, o pregador deve demonstrar dignidade, concentração, segurança, respeito, enfim, a postura de quem tem autoridade para transmitir a palavra de Deus. É o momento em que ele inicia a conexão com a alma do público.

Há pregadores, como os clássicos Vieira e Spurgeon, por exemplo, que iniciam sem fazer o vocativo. Citam uma passagem da Bíblia e com ela introduzem a pregação. Vieira com uma pequena frase, de poucas linhas. Spurgeon com uma citação completa, contendo informações mais amplas e abrangentes. Os dois, entretanto, apoiam toda a pregação na passagem bíblica citada.

Vejamos dois exemplos de Vieira, iniciando com citações de passagem da Bíblia em sermões sobre o mesmo tema: "Sermão do mandato". O primeiro pregado em 1645 e o segundo, dez anos depois, em 1655. Essa análise serve também para observar mais uma vez como o pregador pode tratar do mesmo tema por ângulos totalmente distintos.

O primeiro "Sermão do mandato", pregado em 1645 na Capela Real:

> "[...] sabendo Jesus que havia chegado o tempo em que deixaria este mundo e iria para o Pai, tendo amado os seus que estavam no mundo, amou-os até o fim." (Jo 13,1)

Essa citação contém a essência de toda a mensagem do pregador.

> Considerando eu com alguma atenção os termos tão singulares deste amoroso Evangelho, e ponderando a harmonia e correspondência de todo seu discurso, tantas vezes e por tão engenhosos modos deduzindo;

> vim a reparar finalmente (não sei se com tanta razão como novidade) que o principal intento do Evangelista foi mostrar a ciência de Cristo, e o principal intento de Cristo mostrar a ignorância dos homens.
>
> Sabia Cristo (diz João) que era chegada a sua hora de passar deste mundo ao Padre. Sabia que tinha depositados em sua mão os tesouros da Onipotência, e que de Deus viera e para Deus tornava. Sabia que entre os doze que tinha assentados à sua Mesa, estava um que lhe era infiel, e que o havia de entregar a seus inimigos. Até aqui mostrou o Evangelista a sabedoria de Cristo. Daqui adiante continua Cristo a mostrar a ignorância dos homens. Quando Pedro não queria consentir que o Senhor lhe lavasse os pés declarou-lhe o Divino Mestre a sua ignorância dizendo: "O que eu faço, Pedro, tu não sabes agora, mas sabê-lo-ás depois". Depois de acabado aquele tão portentoso exemplo de humildade, tornou a se assentar o Senhor, e voltando-se para os Discípulos, disse-lhes: "Sabeis porventura o que acabei agora de vos fazer?". Aquela interrogação enfática tinha força de afirmação; e perguntar sabeis? Foi dizer que não sabiam. De maneira que, na primeira parte do Evangelho, o Evangelista atendeu a mostrar a sabedoria de Cristo, e Cristo, na segunda, a mostrar a ignorância dos homens [...].[36]

Agora, o mesmo "Sermão do mandato", pregado sob novo ângulo em 1655, na Misericórdia de Lisboa.

> "[...] sabendo que havia saído de Deus, e que ia para Deus, amou-os até o fim." (Jo 13,1)

36 Vieira, *op. cit.*, Tomo I, pp. 343-44.

Após fazer essa citação, Vieira dá sequência à sua pregação explicando seu significado.

> Grande Dia! Grande amor! Depois que o Eterno se fez temporal, também o Amor Divino tem dias. O evangelista S. João querendo-nos declarar a grandeza e grandezas do mesmo amor neste dia, a primeira coisa que ponderou, com tão alto juízo como o seu, foi ser um dia antes de outro dia: antes da festa da Páscoa. Tanto pode acrescentar quilates ao amor a reflexão ou circunstância dos dias! E que farei eu? Dois dias hei de combinar também hoje, mas não o dia de antes com o dia de depois, senão o dia de depois com o dia de antes: e não livremente ou por eleição própria e minha, senão por obrigação forçosa dos mesmos dias. Assim como depois de longo círculo de anos se encontram e ajuntam dois planetas a fazer uma conjunção magna, assim no ano presente concorrem e se ajuntam hoje no mesmo dia os dois maiores mistérios e os dois maiores dias: o dia da Encarnação do Verbo, e o dia da Partida do mesmo Verbo encarnado. O dia da Encarnação do Verbo: Sabendo que havia saído de Deus, que foi o princípio do seu amor para com os homens: Como havia amado os seus: e a partida do mesmo Verbo encarnado: E que ia para Deus, que foi o fim sem fim do mesmo amor: amou-os até o fim [...].[37]

Spurgeon também se valia das citações bíblicas para iniciar suas pregações. Como é possível constatar, os trechos

37 *Ibidem*, p. 537.

citados por esse pregador eram mais longos que os utilizados por Vieira. Vamos analisar um exemplo de seus magníficos sermões.

"A mão atrofiada"

> Saindo daquele lugar, dirigiu-se à sinagoga deles, e estava ali um homem com uma das mãos atrofiada. [...] Então ele disse ao homem: "Estenda a mão". Ele a estendeu, e ela foi restaurada, e ficou boa como a outra. (Mt 12:9-13)

Note como o pregador pinçou uma única palavra do texto (*eis*) para desenvolver seu raciocínio a respeito da simplicidade do homem destacado naquela sinagoga.

> Observe-se bem como está redigido o texto da narrativa: *[...] entrou Jesus na sinagoga deles. E eis que estava ali um homem que tinha uma das mãos atrofiada.* Um advérbio chama a atenção, aqui, para determinado fato, ou pessoa, como se fosse incomum, ou notável: a palavra *eis* funciona no texto como uma espécie de ponto de exclamação, visando a alertar o leitor sobre aquilo ou aquela pessoa que indica. Se em certos lugares chegassem ou já estivessem ali alguns dos mais poderosos e destacados homens deste mundo, as pessoas seriam certamente levadas a exclamar, apontando-os: "Olhe, eis ali o duque... o conde... o bispo!". No entanto, e apesar de ter existido homens notáveis assim na época do nosso Salvador, raramente ou nunca encontramos nos evangelhos um

destaque maior sobre a sua presença em algum lugar; nenhum *eis*, de modo que chame a atenção sobre ele. Seria natural, na verdade, que, estando presentes em uma assembleia, como nessa sinagoga, pessoas de destacada posição social ou alto grau de conhecimento, o público ali congregado comentasse depois: "Você sabia que o professor Ciência, ou o doutor clássico, estiveram presentes ao culto?". Haveria então um *eis*, referente a essas pessoas, marcado na memória de muitos. Havia de fato, quase sempre, pessoas bem instruídas que ouviam Cristo pregar, junto com a multidão, mas não se vê no Evangelho, propriamente, nenhum *eis* para chamar a atenção sobre sua presença. No entanto, achava-se nessa sinagoga um pobre homem que tinha uma das mãos atrofiada –, e somos chamados à atenção justamente para essa pessoa e esse fato.

Segundo Lucas, sua mão ressequida ou atrofiada era a direita; assim, pior para ele, que deste modo mal conseguia realizar um trabalho e ganhar o pão de cada dia. Não tenho dúvida de que se tratava de um homem humilde, ignorado, insignificante, provavelmente vivendo muito mal, em constante estado de pobreza, por não conseguir trabalhar e não possuir também, certamente, herança, nem deter posição de destaque, tampouco reconhecimento ou inteligência especial. Sua presença naquela assembleia não era propriamente digna de se notar. Imagino que ele estava acostumado a ir à sinagoga exatamente como outros moradores daquela cidade o faziam. Mesmo assim, o Espírito Santo teve o cuidado de mostrar a Jesus que ele estava ali presente; assim como inspirar, depois, o Evangelista a inserir no texto a palavra

> *eis*, como um sinal de reconhecimento e consideração para com esse pobre homem aleijado [...].[38]

Vemos assim que o pregador poderá se valer de diversas maneiras para estabelecer o primeiro contato com os fiéis. O importante é que já no primeiro momento se sintam conectados. E, como vimos, até antes mesmo de dizer as primeiras palavras.

Pregadores como o norte-americano T. D. Jakes se valem de um recurso interessante e eficiente: iniciam a pregação pedindo que os fiéis abram a Bíblia para ler determinada passagem, e que ao encontrarem digam *amém*. É um recurso excepcional para interagir com o público. Em pouco tempo praticamente todos começam a se manifestar dizendo *amém* em resposta ao pedido do pregador.

Objetivos do exórdio

São três os objetivos do exórdio:

- Conquistar a benevolência.
- Conquistar a atenção.
- Conquistar a docilidade.

O pregador deve se dedicar à conquista de um ou mais desses objetivos, dependendo da circunstância da pregação.

Conquistar a benevolência é fazer com que os ouvintes se tornem simpáticos, fiquem a favor e torçam pelo sucesso do pregador.

38 Spurgeon, *op. cit.*, p. 802.

Conquistar a atenção é fazer com que os ouvintes se envolvam e se interessem pela mensagem do pregador.

Conquistar a docilidade é fazer com que os ouvintes não fiquem contra o pregador e a sua mensagem.

Como conquistar a benevolência dos fiéis

Pela pessoa do pregador

Os ouvintes se tornam benevolentes quando o pregador se comporta com simpatia, gentileza, dignidade, humildade, demonstra envolvimento com o tema da pregação e com o ambiente onde se apresenta.

Esse é um risco que o pregador pode enfrentar. Por ser aquele que fala em nome de Deus, talvez se sinta tão importante que até chegue a se colocar em posição de superioridade em relação aos fiéis. Para que não seja tomado por essa vaidade, que poderia prejudicar o resultado de suas pregações, o pregador deve se recolher em orações e pedir que o Senhor lhe dê a humildade necessária para que seja o verdadeiro intérprete da mensagem da Bíblia. Esta deve ser uma prática de todos os dias: orar para que a luz do Senhor o inspire a se comportar no púlpito sem afetação, com bondade e amor ao próximo, como Jesus Cristo exemplificou em todas as suas pregações.

Neste exemplo, na "Oração fúnebre" que fez a Luiz de Bourbon, príncipe de Condé, pronunciada na igreja de Notre Dame de Paris em 1687, Bossuet, um dos mais extraordinários oradores sacros da história mundial, foi habilidoso ao demonstrar humildade diante da grandeza do tema tratado para conquistar a benevolência e a simpatia dos ouvintes.

> No momento em que abro a boca para celebrar a glória imortal de Luiz de Bourbon, príncipe de Condé, sinto-me igualmente confuso e pela grandeza do assunto, e pela inutilidade do trabalho.
>
> Que parte do mundo habitado não ouviu falar de sua vida? Repetem-se em toda parte. O francês, que as exalta, nada ensina ao estrangeiro, e, faça eu o que fizer, sempre prevenido pelos vossos pensamentos, terei ainda a responder à oculta censura que me fareis de ter ficado aquém do meu assunto. Nada podemos nós, fracos oradores, para a glória das almas extraordinárias. Tem o sábio razão de dizer que "somente as suas ações podem louvá-los"; qualquer outro louvor empalidece ao lado dos grandes nomes; e só a simplicidade de uma narração fiel poderia sustentar a glória do príncipe de Condé. Enquanto a história, devedora dessa narração aos séculos vindouros, não o faz aparecer, é mister satisfazer, como pudermos, a gratidão pública e as ordens do maior dos reis.[39]

Pela pessoa dos fiéis

Os ouvintes também se tornarão benevolentes quando sentirem que o pregador demonstra consideração pela presença e importância deles. Ele não pode se mostrar distante dos fiéis, como se sua atuação no púlpito ficasse próxima à interpretação de um personagem. A maneira como

39 Bossuet. *Orações fúnebres e panegíricos.* Rio de Janeiro: H. Garnier, 1909, Tomo I, p. 201.

fala, como se dirige ao público, como considera a presença de todos poderá tornar os ouvintes benevolentes, envolvidos e torcendo naturalmente para que a pregação seja bem-sucedida.

O pregador pode fazer referência a uma ou mais pessoas presentes. Se for alguém reconhecidamente admirado pelo público, esse destaque ajuda a estabelecer identidade do pregador com os ouvintes. Esses elogios devem ser muito ocasionais, dentro do contexto da pregação e, sem nenhuma dúvida, sinceros.

Elogios em excesso ou falsos desagradam ao público e podem comprometer a credibilidade do pregador. Quem prega não deve se esquecer de que a pregação tem como objetivo louvar a Deus, não às pessoas, por mais importantes que possam ser. Sobre esse tema, Roquete faz a seguinte observação: "Não darei louvores a Vossa Majestade, dizia um pregador a Luiz XIV, porque não os encontrei no Evangelho".[40]

Como conquistar a atenção dos fiéis

Independentemente do recurso utilizado pelo pregador, em todos os casos deverá guardar interdependência com todas as outras partes da pregação. De nada adiantará usar uma técnica excepcional para conquistar a atenção dos ouvintes se não tiver nenhuma ligação com a mensagem que será transmitida.

40 Roquete, *op. cit.*, p. 156.

Com uma frase de impacto

Em uma de suas palestras, quando explicava sua forma de pregar, o reverendo Borges disse que sempre iniciava seus sermões com uma frase de impacto, para dar uma chacoalhada nos ouvintes e fazer com que percebessem que algo importante seria tratado naquela pregação. Esse recurso vale para todas as circunstâncias, mas especialmente quando o pregador sentir que o público está apático, indiferente, desinteressado.

Observe este exemplo do monsenhor Joaquim da Soledade Pereira, ao pregar o "Sermão do encontro". Desde o princípio procurou provocar impacto nos fiéis com o objetivo de conquistar sua atenção.

> Que espetáculo, cristãos, que cena triste, horrorosa desafia a nossa amargura e nossa dor! Que assombroso acontecimento, que melancólico objeto se apresenta agora às nossas vistas! Já não é a aflição de um Profeta lamentando a desolação de uma cidade, nem tampouco os gemidos da filha de Sião. É a dor incomparável da mais terna das mães, sentindo a morte iminente de um Filho Deus traçada pela ingratidão e pela perfídia. É a ternura de carinhosa mãe presenciando o filho amado coberto de feridas, e de desprezos, que caminha com o patíbulo sobre os ombros para dar sobre ele o último suspiro, que ainda lhe resta: é a dor de Maria quando encontra Jesus Cristo na rua da amargura atado de grossas cordas, com os olhos curvados sobre a terra, caminhando entre alaridos e blasfêmias ao lugar do Calvário, onde vai consumar o bárbaro atentado, a maior obra de iniquidade, que jamais virão os séculos. Que tristíssimo objeto! Com quanta razão ela publica que sua dor é sobre

> toda a dor! Como se não dirá que seu coração à vista deste horroroso espetáculo sentiu uma aflição de seu modo infinita![41]

Com um fato bem-humorado

Se contar anedotas no início de uma apresentação é desaconselhável em quase todas as circunstâncias, no púlpito a situação é ainda mais delicada. Embora a pregação possa ser leve e até bem-humorada, não pode haver no púlpito o mínimo risco de que as palavras do pregador resvalem na vulgaridade. Não combina com a seriedade que deve cercar a sua atuação. Se o pregador resolver contar uma anedota, deve refletir muito e medir todas as possibilidades de reação dos ouvintes. No caso de haver alguma dúvida se a brincadeira dará certo ou não, a ideia deve ser abortada. Mesmo que a anedota não caia na vulgaridade, pode acontecer de ela não ter graça, o que seria desagradável para o pregador logo no primeiro contato com os ouvintes. Pode ser também que seja engraçada, mas muito conhecida, e o resultado nessa situação ainda seria negativo. Se a piada for contada apenas por ser engraçada, dificilmente guardará interdependência com o restante da pregação. As pessoas riem, se divertem, mas não há nenhum benefício para a mensagem que será transmitida. É como se o pregador dissesse: "Muito bem, já nos divertimos com a piada, agora vamos deixar a brincadeira de lado e falar sobre o que interessa".

---

41 Pienlzenauco, Luiz (coord.). *Sermões do monsenhor Joaquim da Soledade Pereira*. Niterói: Typographia de Quinino & Irmão, 1857, p. 49.

O pregador deve avaliar bastante suas características, sua habilidade para usar o humor, o perfil do público e o contexto da pregação. Depois dessa análise é que deverá tomar a decisão de contar ou não anedotas no início da pregação.

O que se aconselha é que use um fato bem-humorado. Fato bem-humorado não é piada. Pode até se transformar em recurso excepcional para conquistar a atenção do público. O pregador se vale de uma informação curiosa ou interessante no ambiente, ou que esteja na mente da plateia, exagera e a transforma em um fato bem-humorado. Se os ouvintes reagirem de maneira positiva, poderão se tornar ainda mais interessados nas palavras do pregador. Se não rirem ou não se manifestarem, não haverá prejuízo para o resultado da pregação, já que as informações nasceram ali, diante da observação de todos. Não havia, como no caso da piada, o compromisso de provocar o riso da plateia.

Há situações em que o pregador não deve se arriscar com o uso de um fato bem-humorado. Se julgar que seu estilo e suas características não são adequados para falas engraçadas, ou que o contexto e as circunstâncias que cercam a pregação não se mostram convenientes, deverá recorrer a outro recurso mais apropriado para o momento.

Neste exemplo, o pregador norte-americano Joel Osteen, diante de dezenas de milhares de fiéis, iniciou sua pregação fazendo uma brincadeira, contando uma anedota logo na introdução da sua fala. Foi uma maneira habilidosa de cativar a atenção dos ouvintes e demonstrar sua presença de espírito. Assistindo ao vídeo da sua apresentação foi possível constatar que ele só ousou fazer esse exórdio por causa do bom nível intelectual predominante da plateia e porque sua tirada espirituosa não resvalava na vulgaridade e guardava perfeita interdependência com o conteúdo da mensagem que pretendia pregar. Foi assim:

> Eu gostaria de começar com algo engraçado. Ouvi de quatro senhoras católicas que estavam se vangloriando de seus filhos. A primeira diz que o filho é sacerdote, e que sempre que ele entra na sala todos o chamam de Vossa Reverência. A segunda diz que o filho é bispo, e que quando entra todos o chamam de Vossa Excelência Reverendíssima. A terceira diz que o filho é cardeal, e que quando entra todos o chamam de Vossa Eminência Reverendíssima. A quarta diz que o filho tem 1,95 m de altura, ombros largos, é incrivelmente bonito, se veste impecavelmente, e que quando entra todos dizem: ai, meu Deus!

Com uma história interessante

As histórias mais interessantes são as que estão na Bíblia. Esta deve ser sempre a mais importante fonte de consulta para que o pregador encontre as histórias de que precisa. Nada impede, entretanto, que utilize outras que também possam aguçar a atenção do público.

A história atrai a curiosidade dos ouvintes, que passam a acompanhar com interesse a narrativa do pregador. Quando este associar a história com o tema da sua pregação, os ouvintes já estarão atentos à mensagem.

Diz Roquete:

> Também costumam muitas vezes contar a parábola do Evangelho, o passo histórico, o lugar dos livros santos que extraíram o tema. Em geral, o exórdio histórico interessa aos ouvintes e cativa-lhes a atenção.

E esclarece o autor:

> O tomar o tema do Evangelho ou da Escritura é um venerável uso, uma espécie de monumento que é mister respeitar. Além de que, começar assim pela palavra santa é dizer indiretamente o pregador que quer ser o órgão da vontade do Altíssimo; o que muito contribui para captar a benevolência e a atenção do auditório, e inspirar-lhe respeito e confiança.[42]

Com uma reflexão

Ao levantar uma reflexão, o pregador instiga os ouvintes a procurarem respostas para aquela indagação. Se a reflexão for óbvia e simples de ser atendida, naturalmente o público perceberá que a resposta está na própria mensagem da pregação. Se, por outro lado, não for tão simples, nem tão óbvia assim, caberá ao pregador alertar os fiéis para o fato de que a resposta está na mensagem da pregação. Em todos os casos, a reflexão poderá fazer com que os ouvintes se interessem ainda mais pelas palavras do pregador.

Com os benefícios

Por mais crente que seja o fiel, provavelmente ele só ficará atento e interessado nas palavras do pregador se sentir que obterá algum tipo de vantagem. Se vislumbrar que a pregação será o meio pelo qual alcançará o céu, se afastará do inferno, salvará sua alma, estará ao lado do Senhor por toda

42 Roquete, *op. cit.*, pp. 146 e 150.

a eternidade, terá todo interesse em ouvir o que o pregador tem a dizer.

Por isso, o pregador deve logo no início explicar de maneira clara que benefícios os ouvintes terão com a mensagem que irão ouvir.

Como conquistar a docilidade dos fiéis

Conquistar a docilidade é fazer com que os ouvintes não fiquem contra o pregador. Para isso, caberá a ele afastar as resistências. Os fiéis poderão se mostrar resistentes ao pregador, ao assunto ou ao ambiente. Vamos estudar como afastar cada uma dessas condições.

Resistência ao pregador

Quase sempre o pregador conquistará a confiança dos fiéis já no momento em que assoma ao púlpito. O público sabe que ali está o embaixador da palavra de Deus. Há situações, entretanto, em que essa aceitação encontra barreiras. Os fiéis se mostrarão resistentes quando não confiarem plenamente em sua autoridade para falar em nome do Senhor.

Caberá a ele mostrar essa autoridade pela firmeza de suas convicções e por seu conhecimento e preparo. Ao notar esses atributos na sua postura e capacidade de comunicação, os ouvintes arrefecerão sua resistência e passarão a ouvi-lo sem reservas.

Já foi mencionado que o pregador deverá estar sempre muito bem preparado para tratar do assunto sobre o qual se propôs a pregar, mas se eventualmente, por um ou outro motivo, não dominar o tema como precisaria, não pode revelar esse seu despreparo ao público. A estratégia deve ser a mesma já sugerida. Talvez conheça outro assunto com bastante profundidade, que até já tenha pregado em momento distinto. Poderá abordar os dois temas ao mesmo tempo. Fala um pouco do tema que deveria ser pregado, em seguida menciona aspectos do outro que conhece bem. Faz associação entre um e outro e no final talvez consiga até encantar os fiéis. Se, entretanto, iniciar falando da sua falta de preparo, esse bom resultado dificilmente será conquistado.

Resistência ao assunto

Para início de conversa, assuntos polêmicos devem ser evitados no púlpito. O objetivo do pregador deve ser sempre transmitir a palavra de Deus. Portanto, temas controversos devem ficar distantes das pregações, especialmente no início. Mesmo assim, os ouvintes poderão levantar resistências com relação ao assunto, ainda que o pregador não queira criar polêmica.

Se os ouvintes não concordarem com a forma de pensar do pregador, ficarão resistentes diante dos seus argumentos. Nessas circunstâncias, o pregador deverá agir com sutileza e adotar uma estratégia inteligente. Por mais conflitante que possa ser a forma de pensar do pregador e a dos ouvintes, sempre será possível identificar pontos comuns. O pregador deverá, com critério e bastante disciplina, relacionar esses pontos comuns e iniciar a pregação tocando em cada um deles. Ao tomar consciência de que sua forma de pensar é semelhante à do pregador, os ouvintes baixarão a guarda e se mostrarão mais dispostos a ouvir a mensagem. Nesse momento, usando sua sensibilidade, com calma e tranquilidade, o pregador poderá apresentar sua opinião divergente, com maiores chances de fazer com que sua forma de pensar prevaleça.

Outro equívoco cometido é iniciar pedindo desculpas por problemas de saúde. Embora essa atitude não chegue a criar resistência nos ouvintes, é certo que poderá desviar sua atenção da mensagem. Não há motivo para iniciar a fala pedindo desculpas por estar com algum problema de saúde, como resfriado, rouquidão e gripe. Se a mensagem for boa e tocar o sentimento dos ouvintes, talvez nem percebam que estava com aquele desconforto físico. Se o problema for mencionado, os fiéis passarão a observar se a voz irá falhar ou não, se suportará ou não a pregação até o final. Portanto, se estiver com algum problema de saúde, deve seguir com a pregação sem mencioná-lo.

Resistência ao ambiente

Nem todos os locais são bem ventilados, possuem bancos confortáveis ou estão protegidos contra ruídos externos. Por mais que os fiéis tenham vontade de estar ali para ouvir a pregação, o desconforto do calor ou do frio, do barulho, do som defeituoso do microfone e de tantos outros inconvenientes que possam surgir poderá fazer com que se desliguem da mensagem. Nessas situações, a pregação longa dificilmente atingirá seus objetivos. Elas exigem objetividade. Se o pregador tinha intenção de usar três ou quatro passagens da Bíblia e se valer de tantos outros exemplos, precisará diminuir para uma ou duas citações e reduzir ou até eliminar os exemplos.

Tão importante quanto falar menos é dar sinais aos fiéis de que em breve concluirá a pregação. Ao perceber que não terão de permanecer por muito tempo no local, eles abrandarão sua resistência com relação ao ambiente.

O tamanho e a necessidade do exórdio

Não existe uma medida rígida para a introdução. Tudo dependerá do contexto e da circunstância da pregação. De maneira geral, deve ser curta, suficiente apenas para conquistar os ouvintes. Nos casos de pregações mais longas, a introdução poderá consumir até 10% do tempo. Para as mais curtas, chegam a durar um pouco mais, de 15% a 20% do tempo. Poderá se estender bem mais quando houver muita resistência dos ouvintes com relação ao tema a ser abordado. Nessas situações, o pregador deverá usar bastante tempo na introdução e contar com toda sua habilidade para enfraquecer com calma, paciência e sensibilidade essa posição defensiva.

A introdução poderá ser suprimida da pregação. Se os fiéis já se mostrarem benevolentes, atentos e desarmados de resistências, não há necessidade de fazer a introdução, pois os fatos que envolveram a pregação foram suficientes para conquistar os ouvintes. Nesse caso, a proposição, que será estudada a seguir, será usada também como introdução.

Feita a introdução, conquistados os fiéis, que agora estariam benevolentes, atentos e dóceis, chegou o momento de elaborar a preparação, ajudá-los a entender a mensagem com mais facilidade.

Preparação

O objetivo da preparação é facilitar o entendimento dos ouvintes. Nessa etapa, o pregador deverá usar todas as informações necessárias para ajudar os fiéis a acompanharem a mensagem. Não deve partir da pressuposição de que, pelo fato de ele conhecer e dominar o assunto, o público poderá compreender a pregação com facilidade. Quase sempre precisará auxiliar os ouvintes nessa tarefa de entendimento.

São partes da preparação:

- Proposição.
- Narração.
- Divisão.

Como já vimos, será possível alterar a ordem dessas partes, e cada uma delas poderá surgir de maneira isolada, associada com outra, ou com todas ao mesmo tempo. Tudo dependerá das características do tema e do perfil dos ouvintes.

Proposição

Pense na seguinte situação: você recebe uma pessoa para conversar e ela começa a desenvolver uma longa história. Depois de um tempo, por mais que você tente prestar atenção, não consegue entender bem o que ela está pretendendo dizer, nem aonde deseja chegar. Bastaria que ela tivesse contado a você em uma frase ou duas qual era o assunto para que você pudesse acompanhá-la com tranquilidade. Essa é uma premissa que serve não apenas para uma conversa, mas também para qualquer tipo de apresentação, inclusive a pregação.

Por isso, depois de ter conquistado os ouvintes na introdução da fala, conte para eles em uma ou duas frases qual o assunto que irá desenvolver e qual o objetivo da pregação. Sabendo qual é o assunto e aonde o pregador deseja chegar, será mais fácil para os fiéis acompanharem a linha de raciocínio.

Segundo Nogués: "A proposição é o discurso compendiado e resumido, e o discurso, por sua vez, a proposição desenvolvida". Afirma ainda o autor que a proposição precisa também ser demonstrada, para que não se pense que basta ao discurso tão somente desenvolver a proposição.[43]

Nos casos em que a introdução é desnecessária, a proposição faz as vezes dela. O pregador começa contando para os fiéis qual é o assunto que pretende desenvolver.

A proposição poderá ser suprimida quando o assunto for muito polêmico, para não levantar animosidades logo nos primeiros momentos. O mesmo vale quando o tema for muito evidente e fácil de ser compreendido, pois não haveria necessidade de esclarecer o que o próprio assunto tornará claro durante o seu desenvolvimento. Ou ainda quando a pregação for muito curta, já que o assunto se mostrará imediatamente após as primeiras palavras. A proposição também torna-se desnecessária quando o público já sabe o que será tratado. Mesmo nessas situações, com o público estando consciente do tema a ser abordado, não custará ao pregador dizer qual será o assunto. Gastará poucos segundos para fazer esse esclarecimento. E para não passar a informação como se fosse uma novidade, poderá dizer: "Como é do conhecimento de todos...". Dessa forma, passará a informação conhecida, mas não como se fosse algo inédito. É como se dissesse: "Eu sei que vocês sabem qual o tema que irei transmitir, só estou repetindo para que possamos juntos acompanhar o desenvolvimento do raciocínio".

No exemplo a seguir, Martin Luther King fez com que a proposição servisse como introdução. Ao pregar o "Sermão dos sonhos inacabados", começa já esclarecendo aos fiéis o

---

43 Monegal y Nogués, *op. cit.*, p. 102.

que pretendia pregar. Observe como a história sobre o rei Davi, que poderia ser considerada como introdução, aparece associada à proposição. Como vimos, as partes podem tomar o lugar umas das outras e serem associadas, dependendo da circunstância da pregação:

> Eu quero pregar nesta manhã sobre o tema "Sonhos inacabados". Sonhos não realizados. E vou usar como texto básico o capítulo 8 do primeiro livro de Reis. Às vezes ele passa despercebido; não é uma das passagens muito familiares do Velho Testamento, mas eu não me esquecerei jamais de quando o encontrei pela primeira vez. Ele me impactou com uma mensagem de significância cósmica, porque diz muito em tão poucas palavras, sobre as coisas que experimentamos nesta vida. Davi, como você sabe, foi um grande Rei. E uma das coisas primordiais na mente de Davi e em seu coração era construir um grande templo. A construção do templo era considerada pelo povo judeu o projeto de maior relevância a ser empreendido. Esperava-se que o rei o levasse a cabo. Davi teve esse desejo; e a ele deu início.[44]

Narração

A narração é a parte da pregação em que o orador orienta e instrui os fiéis para que possam compreender bem a mensagem a ser apresentada. A instrução se assemelha à

44 Luther King Jr., Martin. *Unfulfilled Dreams.* Disponível em: <http://kingencyclopedia.stanford.edu/encyclopedia/documentsentry/doc_unfulfilled_dreams/>. Acesso em: out. 2016. Tradução livre.

tarefa de ensinar, de esclarecer os pontos que não sejam de domínio ou conhecidos pelos fiéis. O pregador não deve partir da premissa de que as informações mais simples e básicas, como orar, se arrepender dos pecados, ter amor incondicional a Deus e se submeter às doutrinas religiosas, sejam conhecidas e tenham sido assimiladas por todos. Não será surpresa se descobrir que, às vezes, a maioria as desconhece. Ainda que sejam conhecidas, não será demasiado recordá-las sempre que possível. Somente aqueles que estão devidamente instruídos é que poderão também ser convencidos ou persuadidos.

Há situações em que apenas a fase de instrução será suficiente para que os ouvintes reflitam ou ajam de acordo com as sugestões ou o aconselhamento do pregador. Nesses casos, a narração fará o papel do assunto central e conterá toda a mensagem a ser transmitida.

Na narração, o pregador expõe os problemas que serão solucionados no assunto central ou faz um histórico do tema a ser desenvolvido como atualidade. Há casos também em que a solução do problema é apresentada nessa parte de modo que o pregador explique os seus benefícios no assunto central.

De forma resumida:

- Problema, na narração – solução, no assunto central.
- Passado, na narração – presente, no assunto central.
- Solução de problema, na narração – benefícios da solução, no assunto central.

Além das passagens da Bíblia, que para a narração também deverão ser consideradas as fontes mais importantes, o pregador poderá se valer de reflexões filosóficas, dos debates ideológicos (observando sempre o cuidado com as polêmicas), teses científicas, enfim, de todas as informações que puderem ser úteis para auxiliar os ouvintes a compreender a mensagem central da pregação.

A narração é apresentada logo após a proposição. Em determinadas circunstâncias, entretanto, poderá precedê-la ou associar-se a ela em uma única informação. Há situações ainda em que a narração será suficiente para sustentar a preparação. Nesses casos, é ela que inicia a pregação. São as ocasiões em que, pelo fato de os ouvintes já estarem atentos e dispostos a ouvir sem resistências, não haveria necessidade de introdução; e por já estarem cientes do assunto que seria abordado, também a proposição poderia ser suprimida.

No exemplo a seguir, Manuel Bernardes, na *Prática em dia de Ascenção de Cristo Senhor Nosso*, usa uma história como narração para que os fiéis pudessem compreender com mais facilidade o tema de sua pregação, o amor a Deus como caminho para subir ao Céu:

> Toda criatura racional, que pretende algum fim, quer os meios necessários para alcançar o tal fim. O meio necessário para alcançarmos o fim de nossa salvação eterna é amar a Deus: logo todo homem que pretende salvar-se há de amar a Deus. Chegou a Cristo um letrado da lei, e lhe fez esta pergunta: Mestre, que obra devo fazer, ou que diligência aplicar para conseguir a vida eterna? Respondeu-lhe o Senhor com outra pergunta: Na lei, que é que está escrito, como lês? Tornou o letrado: Está escrito amarás a teu Deus sobre todas as coisas. Rematou o Senhor: Bem respondeste. Pois faze isso, e terás vida eterna. Ama a Deus e serás salvo; porque se a salvação é o fim, que pretendes,

> e o amor de Deus é o meio: quem quiser o fim, que é a salvação, há de querer o meio, que é o amor.[45]

Divisão

A divisão é a etapa da preparação que segmenta o assunto em três ou quatro partes com o objetivo de facilitar a compreensão dos ouvintes e organizar a exposição do pregador. Como o objetivo da divisão é especialmente o de ajudar os ouvintes a acompanhar a sequência da pregação, é recomendável que seja limitada a quatro partes. Se houver necessidade de contemplar um número maior, uma solução seria fazer a divisão de até quatro partes, a serem anunciadas aos ouvintes, e as outras entrariam como subdivisões dessas partes principais, que não seriam anunciadas ao público, mas serviriam para orientar o raciocínio do pregador.

Diz Quintiliano sobre a divisão:

> Empregada oportunamente comunica ao discurso muita luz, e deleite. Porque não só faz com que sejam mais claras as coisas que dizemos, tirando as ideias do caos, e confusão em que se achavam, e pondo-as à vista dos Juízes; mas com o termo marcado de cada parte refaz também o ouvinte; bem como as milhas marcadas de espaço em espaço nas pedras aliviam muito a fadiga dos viajantes. Na verdade, é um gosto ver a medida do trabalho que já passamos; e o saber mesmo quanto nos resta nos dá novos alentos para o concluir. Pois nada pode parecer longo, em que se vê um termo fixo.[46]

---

45 Bernardes, Manuel. *Sermões e práticas*. Lisboa: Oficina de Antonio Rodrigues Galhardo, 1762, Tomo II, p. 272.

46 Quintiliano, *op. cit.*, vol. 1, p. 223.

Normalmente a divisão surge após a narração, mas em certas circunstâncias pode antecedê-la, ou até mesmo vir antes da proposição. Há situações em que se associa a uma ou até a duas partes da preparação.

Em determinadas pregações, a divisão pode ser suprimida. Por exemplo, quando o assunto tiver apenas uma parte; nos casos em que seja conveniente não fazer a revelação das partes que serão cumpridas, para criar maior expectativa nos fiéis; nas apresentações breves, pois seu anúncio quase se confundiria com o próprio desenvolvimento do tema; quando o assunto for muito claro, lógico e de fácil compreensão, pois não haveria motivo para tentar facilitar o que será compreendido sem esforço na própria exposição do tema.

Roquete reproduz um trecho do "Sermão para o domingo da paixão", de Bossuet, como exemplo de divisão. São três partes distintas – Deus, o próximo, nós mesmos:

> Amar a verdade em toda parte onde se achar: em Deus, em nós mesmos, no próximo; a fim que em Deus, nos sirva de regra – em nós mesmos, nos excite e nos alumie, no próximo, nos repreenda e corrija.[47]

Assunto central

O pregador já conquistou os fiéis na *introdução*; facilitou o entendimento deles na *preparação*, contando na *proposição* qual o assunto a ser desenvolvido, esclarecendo na *narração* qual o problema que seria solucionado, o histórico,

47 Bossuet *apud* Roquete, *op. cit.*, p. 126.

que tornaria compreensível o instante presente, a solução do problema, para mostrar depois quais seriam seus benefícios; fez a *divisão*, mostrando as etapas do assunto que seriam cumpridas; chegou o momento de aplicar no *assunto central* toda essa preparação.

São partes do assunto central:

- Confirmação.
- Refutação.

Confirmação

Esta é a parte mais importante da pregação. Todas as partes, desde a introdução até a conclusão, poderão ser suprimidas, dependendo da circunstância, exceto a confirmação. Ela é a própria razão da existência da pregação. É a mensagem que o pregador transmitirá aos fiéis. É na confirmação que ele empregará todos os esforços para convencer ou persuadir os ouvintes.

Na confirmação o pregador se empenhará para atingir o objetivo a que se propôs – complementar o trabalho de instruir, em seguida dedicar-se a convencer e, finalmente, a comover.

Na confirmação, o pregador irá:

- Aplicar o que foi preparado.
- Desenvolver argumentos.
- Refutar objeções.

Aplicar o que foi preparado

Tudo o que foi preparado será aplicado agora na confirmação. Se na *proposição* o pregador contou qual o assunto que seria desenvolvido, este é o momento de desenvolvê-lo. Se na *narração* expôs um problema, é nesta parte que irá solucioná-lo; se fez um histórico, neste instante falará do presente; se apresentou a solução de um problema, a esta altura explicará os benefícios da solução.

Embora o pregador deva ter consciência de que aplicará cada um dos segmentos da preparação, precisa saber também que não os desenvolverá isoladamente. Todos serão aplicados simultaneamente. Enquanto desenvolve o assunto, solucionará o problema e cumprirá as partes que foram prometidas. Também ao mesmo tempo que aplica o que foi preparado, desenvolverá na confirmação, simultaneamente, os argumentos.

Além da simultaneidade da aplicação dos elementos da preparação, é preciso ter em mente que a fronteira do que foi preparado para a aplicação é quase imperceptível. A finalidade principal dessa separação é tornar mais didática a pregação.

De forma geral, durante a preparação, o pregador consegue orientar devidamente os fiéis, restando apenas algumas informações adicionais para que os ouvintes estejam prontos para receber a mensagem principal. Esse trabalho de instruir e orientar precisa ser concluído.

Ao aplicar o que foi preparado, o pregador deve avaliar a necessidade de complementar a tarefa de instruir iniciada na preparação.

Desenvolver argumentos

A fase de convencimento, embora seja iniciada na sua etapa mais embrionária já nas instruções, ocorre de forma mais efetiva depois destas. É necessária quando, mesmo estando instruídos, os fiéis ainda se mostram resistentes, o que geralmente ocorre. Aqui valem muito os argumentos.

Se, mesmo estando instruídos e convencidos, os fiéis resistem e não adotam ações, como ir à igreja com frequência, orar com o coração – e não apenas com palavras decoradas –, abandonar a vida de vícios e pecados, só resta ao pregador comovê-los com a força da eloquência, usando a energia das paixões. Se estão instruídos e convencidos, e mesmo assim não agem, é porque uma força emocional os impede. Nesse caso, como de nada adiantaria insistir nos argumentos racionais, o pregador deve lançar mão das mesmas armas, a emoção.

Diante do público normalmente heterogêneo, haverá aqueles que já estão prontos desde a fase de instrução, outros que precisaram ser convencidos, e outros ainda que foram persuadidos. Por isso, o pregador não pode ter dúvidas. Se não tiver certeza de que a primeira fase, a de instrução, e a segunda, de convencimento, foram suficientes para conquistar definitivamente a vontade dos fiéis, deve se dedicar até o final como se todos precisassem ser persuadidos e envolvidos emocionalmente. Isso, porém, tomando sempre a cautela de não explorar a emoção de tal sorte excessiva que possa agir no sentido inverso e, ao invés de levá-los à ação, criar neles resistências que não existiam. A observação, a experiência e a prática darão ao pregador a sensibilidade de que precisa para atuar de maneira correta e eficiente.

Alguns dos argumentos mais importantes são:

Textos das Escrituras Sagradas

Embora os textos bíblicos possam ser considerados como exemplos, eles são tão importantes que é conveniente que sejam destacados. Não nos cansaremos de repetir que ensinar e fazer seguir as Escrituras Sagradas é o fim último da pregação. Por isso, nenhum argumento terá mais peso e será considerado mais relevante que a palavra que vem da Bíblia.

Dois erros comuns são cometidos pelos pregadores ao se valerem dos argumentos: usá-los em número excessivo e repetir de forma exagerada um que considerem excelente. Tanto no primeiro caso quanto no segundo, o risco é enfraquecer a argumentação.

Se esse cuidado deve ser tomado no uso de qualquer argumento, no caso das passagens bíblicas precisa ser redobrado, já que existe tendência de se abusar ou do número de citações, ou da repetição. As passagens devem ser usadas sempre na medida certa para atingir a finalidade da pregação. Somente o fato de saber que esse cuidado tem de ser observado poderá ser suficiente para que esses deslizes não sejam cometidos.

Exemplos e comparações

Os exemplos são excelentes, pois, além de constituírem argumentos poderosos, já que são extraídos da própria informação que se deseja provar, fazem também o papel de ilustrações, que facilitam a compreensão dos ouvintes. Como vimos, os melhores exemplos são aqueles retirados da Bíblia, mas nada impede que o pregador lance mão de outras fontes, desde que sejam úteis para reforçar a argumentação.

As comparações também têm papel especial na argumentação, sendo que as parábolas se mostram normalmente as principais fontes de comparação. Da mesma forma que os exemplos, atuam como ilustrações. Quanto mais conhecida for a informação usada na comparação, mais facilmente os ouvintes entenderão a mensagem. A comparação pode ser feita por semelhanças ou contrastes, tudo dependerá da eficiência que uma ou outra forma terá para a compreensão dos ouvintes.

No exemplo a seguir, João Calvino, em *A pura pregação da palavra de Deus*, se vale do recurso da comparação. Ele compara aqueles que querem nos desviar da verdadeira doutrina com uma doença em determinada parte do corpo que, se não for cortada, será difícil dominá-la:

> Para ser breve, aqueles que não têm isto em vista: atrair o mundo a Deus, e edificar o reino de nosso Senhor Jesus Cristo, para que Ele possa governar sobre todos, arruína tudo. Todo o trabalho e as dores deles somente produzem impiedade; e se for suportado que eles continuem desta forma, um portão é aberto para Satanás, pelo qual ele pode reduzir a nada tudo o que é de Deus. Embora isso não seja feito no primeiro golpe, finalmente nós veremos tal acontecer. Para expressar isto melhor, São Paulo acrescenta: "E a palavra desses roerá como gangrena". A palavra *roer*, aqui mencionada, não é comumente entendida, é o que os cirurgiões chamam uma ferida roedora, e o que também é chamado fogo de Santo Antônio: isto é, quando há uma tal inflamação em qualquer parte

do corpo, que a ferida não come só a carne e tendões, mas também os ossos. Em suma, é um fogo que consome tudo: a mão fará com que o braço seja perdido, e o pé fará com que a perna se perca, assim a menos que a parte que começou a ser afetada seja cortada, o homem está em perigo de perder seus membros, a menos que haja remédios adequados ministrados para isto, neste caso nós não devemos poupar esforços, mas cortar a parte afetada, para que o resto não seja totalmente destruído. Assim, vemos aqui espiritualmente, porque Paulo nos mostra que embora possamos ter sido bem instruídos na sã doutrina, tudo será prejudicado, se dermos lugar para essas perguntas inúteis, e apenas nos esforçarmos para agradar os ouvintes, e alimentar os seus desejos. Se procurarmos entender o que Paulo quis dizer, nos esforcemos para colocar essa exortação em prática. Quando vemos os homens ao nosso redor tentando nos desviar da verdadeira doutrina, vamos evitá-los, e fechemos a porta contra eles. A menos que tenhamos isto à mão ao princípio, e inteiramente o cortemos, ele pode ser tão difícil de controlar como a doença da qual temos falado.[48]

Testemunhos

Cristo e os doze apóstolos deixaram mensagens para todos os fins. Portanto, o pregador poderá citar um deles como testemunho do que diz. A palavra de Cristo ou de um apóstolo é irrefutável, já que é a mensagem da própria Bíblia.

48 Calvino, João. *A pura pregação da palavra de Deus.* Ed. William Teixeira, Versão Kindle 2016. Posição 35%.

O pregador deve evitar o uso de testemunhos de pessoas, por mais importantes e admiradas que sejam, especialmente se forem vivas. Essas referências poderão parecer bajulação, comportamento que não combina com o púlpito. Se for alguém que já morreu, seu testemunho poderia ser usado de forma bastante discreta, ainda assim procurando não mencionar o nome. Por exemplo, poderia dizer: "Um juiz que durante décadas trabalhou para a justiça do nosso estado, afirmou certa vez que [...]". Essa referência sutil, cujo autor, provavelmente, seria identificado pelo público, desde que usada com rigorosa parcimônia, não agrediria a seriedade do púlpito.

Mesmo o pregador sendo o instrumento da palavra de Deus, dependendo do momento e do contexto em que determinada mensagem é transmitida, poderá gerar descrença em alguns fiéis ou, ainda que acreditado, precisar dar mais peso às suas afirmações. O testemunho de um apóstolo corroborando com sua pregação adiciona importante credibilidade ao que esteja dizendo.

Spurgeon, no sermão "Ali sentados", usou a palavra de Cristo para dar mais peso à sua mensagem:

> Antes de mais nada, estavam chamando a si mesmos em alta responsabilidade. Meus amigos, ninguém pode ouvir o Evangelho, rejeitá-lo e ainda assim permanecer como sempre foi. Após ouvir o Evangelho, ou a pessoa o aceita e melhora ou o rejeita e piora. O Evangelho foi feito para ter sabor de vida, para a vida, ou de morte, para a morte. Lembrem-se do que disse Jesus: "Haveria menos rigor para Sodoma e Gomorra no dia do juízo do que para Betsaida e Corazim, que tinham ouvido o Evangelho e não o aceitaram". Rejeitá-lo significa incorrer no erro

> capital: não há pecado como esse. Isso não é, absolutamente, pessimismo de minha parte. É o que diz a palavra de Deus. O Senhor Jesus nos ensina que os homens de Nínive condenariam os de Jerusalém, porque os de Nínive aceitaram a advertência divina, enquanto os de Jerusalém, não. Ó você que tem ouvido o Evangelho há tanto tempo e permanecido sentado esse tempo todo, veja que montanha de culpa já repousa sobre sua cabeça. Como escapará? O que será de você depois de tamanha negligência e ingratidão?[49]

Poderão ser usados como argumentos também as estatísticas e pesquisas, os estudos técnicos e científicos, as teses, entre outros que possam auxiliar no trabalho de comprovação e confirmação da mensagem.

A ordem dos argumentos

Na fase de escolha dos argumentos não convém avaliá-los de acordo com seu peso e sua relevância. Seria conveniente que o pregador relacionasse todos que pudesse encontrar. Com os argumentos à disposição, então iniciaria o trabalho de seleção. De acordo com seu critério, atribuiria pesos a cada um deles, de zero a dez, por exemplo. Descartaria os mais frágeis, que pudessem ser contestados, sem que para eles encontrasse defesa adequada. Finalmente estabeleceria a ordem a ser usada.

- **Se todos forem bons**, com forte potencial de convencimento, o ideal é que sejam apresentados de forma

49 Spurgeon, *op. cit.*, pp. 719-20.

isolada, um a um, para que possam mostrar separadamente sua consistência. O pregador apresenta um argumento, explica com calma e abrangência todos os detalhes. Na sequência, faz o mesmo com outro. E assim até que todos os argumentos tenham sido expostos.

- **Se todos forem fracos**, a atitude do pregador deve ser diversa da anterior. É recomendável que sejam apresentados todos juntos, ao mesmo tempo, para que assim, quem sabe, a falta de qualidade possa ser compensada pelo peso da quantidade.
- **Se tiverem relevância diferente**, será preciso estabelecer uma estratégia para que sejam bem aproveitados. Não iniciar nem com os mais frágeis, nem com os mais fortes. Se iniciar com os mais frágeis, pela falta de apelo, correrá o risco de os ouvintes perderem o interesse de acompanhar com atenção os demais. Se iniciar com os mais fortes, os seguintes parecerão tão insignificantes que talvez desestimule o público a prestar atenção na sequência. É aconselhável que inicie com um bom argumento, mas não o de maior peso. Na sequência, apresentaria o de peso menor, depois o de peso maior até chegar ao de peso mais importante. O último argumento sendo bem consistente facilitará a tarefa de convencimento.

As ilustrações

As ilustrações fazem parte da confirmação. São histórias verdadeiras ou fantasiosas que atuam para facilitar o entendimento dos ouvintes. A oratória sacra conta com um tesouro infindável de histórias na Bíblia para serem utilizadas em todas as circunstâncias, especialmente as parábolas. Com elas, o pregador jogará luzes, tornará mais clara a ideia que acabou de apresentar. Como as passagens da Bíblia, que poderão ser usadas como ilustração, também têm credibilidade por se tratar da palavra do Senhor, além de tornar mais clara a mensagem, reforçam a argumentação. Talvez não haja boa pregação que não traga uma ilustração para tornar ainda mais compreensível a mensagem.

No entanto, o uso da ilustração requer alguns cuidados. Um dos principais e mais importantes é que a ilustração seja adequada, que guarde perfeita interdependência com a mensagem. Se o pregador tiver de forçar essa aproximação, talvez fique claro para os ouvintes que não havia ligação com a história contada e a mensagem transmitida. Outra questão a ser observada é não exagerar no seu uso. A pregação não pode se transformar num repertório de histórias. Utilizar uma ou outra de forma pertinente cumpre seu papel de tornar claro o que foi transmitido na mensagem.

A história bem contada como ilustração torna a pregação ainda mais leve e atraente. Em falas mais longas, principalmente, ajuda a manter e a resgatar a atenção dos ouvintes.

Embora a ilustração seja usada normalmente logo após a mensagem, nada impede que o pregador lance mão dela antes ou até durante. Desde que cumpra sua função de facilitar a compreensão dos ouvintes, seu uso se justificará.

Quando a história é contada antes do assunto principal, seu papel se confunde com o da preparação, já que servirá também para facilitar o entendimento do tema que ainda será abordado. Mesmo com todos esses benefícios, a ilustração poderá ser suprimida, desde que a mensagem tenha sido tão clara e evidente que nada precisaria ser aclarado.

Veja neste exemplo como Vieira, no "Sermão pelo bom sucesso de nossas armas", se valeu da ilustração para tornar mais clara sua mensagem:

> Finalmente, os dois últimos fundamentos que temos para esperar vitória, são as ações contrárias e as nossas. Isto que agora direi parece que toca em arte de adivinhar; mas se é mágica, a Sagrada Escritura me ensinou. Primeiramente digo que os nossos opositores hão de ficar vencidos; porque quando vieram com o seu exército, ficaram da banda de além, e não passaram o Rio.
>
> Vai a prova. Estava Timóteo, Capitão General dos Amonitas, com o seu exército da banda de aquém de um Rio esperando pelo exército de Judas Macabeu, que marchava contra ele; e disse assim a seus Capitães: Quando Judas e seu exército chegar à Ribeira: se passar desta banda do Rio, é sinal que lhe não poderemos resistir: porém se ele recear passar e aquartelar o seu exército da outra parte: passemos o Rio da outra banda, porque é sinal que os havemos de vencer. Assim o disse Timóteo, e assim aconteceu; porque passando Judas primeiro o Rio, foram vencidos os Amonitas. Pois se não se atrever o inimigo a passar o exército da banda de aquém do Rio, é sinal de haver de ficar vencido; vede se tem bons prognósticos a nossa vitória, pois ele esteve tão fora de passar o seu exército a esta parte, que antes impossibilitou a passagem quebrando a ponte. E assim como não passar ele o Rio é sinal de haver de ficar vencido; assim irmo-lo nós buscar a ele, é sinal de havermos de ser vencedores.
>
> Como a matéria é tão nova, e ao parecer difícil, quero ajuntar segunda prova. Quando Jônatas estava à vista do exército dos Filisteus, disse ao seu pajem da lança desta

> sorte: Se os inimigos nos disserem: Esperai que nós imos, não os acometamos; porém se disserem: Vinde-nos buscar a nós; em tal caso: acometamos animosamente, porque isto é sinal que nos quer Deus entregar ao inimigo em nossas mãos. Da maneira que Jônatas o disse, sucedeu; porque esperando os Filisteus que ele os fosse buscar, acometeu Jônatas, e ajudado da noite e da confusão, alcançou a mais prodigiosa vitória que viu o mundo. O mesmo digo do nosso caso. Como o exército Filisteu, posto que o seja em respeito de nós, vindo a Portugal nos não acometeu nas nossas praças, e espera que nós o busquemos nas suas; razão temos e bom anúncio de o fazer assim e entrar confiadamente, porque isto é sinal que Deus os quer entregar nas nossas mãos.[50]

Refutação

Refutar é afastar as resistências, os posicionamentos contrários, as objeções. Se os fiéis não concordarem com algum ponto do que foi pregado, não aceitarão as sugestões e aconselhamentos do pregador.

É praticamente impossível identificar durante a pregação que tipo de objeção os fiéis estariam levantando. Por isso, cabe ao pregador estar conectado sempre com sua comunidade. Nos contatos frequentes com os fiéis, ouvindo sobre seus anseios, suas aspirações, suas agruras, seus medos, seus problemas e suas conquistas do cotidiano, saberá o que deve ser pregado e que tipo de resistência encontrará às suas mensagens. Terá consciência se as objeções se originam da razão

50 Vieira, *op. cit.*, Tomo II, pp. 255-56.

ou se são emocionais, se nasceram de motivos infundados ou de suposições indevidas.

Dessa forma, sabendo quais são as questões que interessam aos fiéis e quais as que os incomodam a ponto de criar neles algum tipo de resistência, o pregador terá condições de preparar de forma adequada a refutação.

Se as objeções nascerem de questões racionais, o caminho para combatê-las é a lógica e a razão. Se, por outro lado, a motivação da resistência for emocional, a defesa será o sentimento, com orações e exemplos da vida de Jesus e dos apóstolos.

Se o que torna os fiéis resistentes são objeções que se apoiam em motivos infundados, o pregador deve demonstrar que as premissas que sustentam a resistência são falsas, para que eles possam assim estabelecer nova forma de pensar. Se, por outro lado, identificar que as objeções surgiram de suposições indevidas, é preciso mostrar, a partir de raciocínio semelhante, que tais suposições não encontram respaldo lógico e que a conclusão a que chegaram não tem, portanto, razão de ser.

O momento de refutar

O momento ideal para refutar as objeções, de maneira geral, é logo após a confirmação, assim que o pregador expuser a argumentação, pois, naturalmente, só seria possível refutar se houvesse objeção, e só haveria objeção depois da exposição dos argumentos.

Houve o cuidado aqui de se enfatizar "de maneira geral", já que mesmo sendo essa uma verdade, poderão surgir casos, e como vimos, na oratória sacra não é tão raro assim, de o pregador ter consciência de que encontrará objeções antes mesmo de iniciar a pregação. Dessa forma, sabendo quais as resistências que terá pela frente, desde o início, logo na introdução toma a iniciativa de enfraquecer com sutileza as objeções que enfrentaria mais adiante. Assim, depois de argumentar, seu trabalho para refutar as objeções terá sido facilitado.

Como refutar

Vimos no estudo da confirmação como os argumentos deverão ser dispostos de acordo com os pesos que tiverem, se forem todos fortes, todos frágeis ou com relevância distinta. A refutação das objeções deve levar em conta o peso desses argumentos.

Se forem todos frágeis, tendo sua força na união para assim se mostrar mais consistentes, no momento de refutar bastará separá-los. Combatendo um a um, separadamente, será mais fácil destruí-los.

Porém, se tiverem pesos distintos, não seria recomendável iniciar combatendo o mais frágil, pois os mais fortes ainda estariam preservados, e com menor chance de ser vencidos. Por isso, o pregador deve iniciar combatendo o argumento mais forte e deixar para o final o mais frágil, que será vencido com mais facilidade. Será mais simples mostrar aos ouvintes que, assim como aquele argumento final foi derrotado, todos os que o antecederam também foram vencidos.

Se os argumentos contrários forem todos fortes e consistentes, como seria difícil derrotá-los combatendo-os diretamente, a melhor estratégia é usar a emoção e a veemência, especialmente com o apoio das Escrituras Sagradas. Essa demonstração de coragem, poderá fazer com que os ouvintes aceitem com mais boa vontade sua tese.

Conclusão

O pregador percorreu um longo caminho. Cumprimentou os fiéis ou leu uma passagem da Bíblia, ou cantou uma canção em louvor ao Senhor como primeiro contato com o público. Em seguida, partiu para a conquista dos ouvintes, fazendo com que se tornassem benévolos, atentos e dóceis. Depois dessa conquista, facilitou o entendimento na preparação, contando em uma ou duas frases o assunto a ser desenvolvido; instruiu os fiéis para que compreendessem bem a mensagem – levantou o problema que seria solucionado ou fez o histórico que ajudaria o público a entender o presente, ou expôs a solução do problema que teria seus benefícios mostrados; e revelou quais seriam as três ou quatro partes do assunto. Depois de ter conquistado os ouvintes e facilitado seu entendimento, partiu para o assunto central, aplicando na confirmação o que foi preparado, desenvolvendo seus argumentos e refutando as possíveis objeções. Finalmente, chegou a hora de concluir. Tudo o que foi desenvolvido desde o princípio até aqui teve como objetivo instruir, convencer e persuadir os fiéis. Mas, para ser bem-sucedida, a pregação dependerá também de uma boa conclusão.

Uma boa conclusão jamais salvará apresentações malfeitas, sem qualidade. Uma conclusão ruim, entretanto, chega a comprometer boas apresentações. Por isso, precisa ser preparada com bastante cuidado e muito critério. É a conquista definitiva dos ouvintes. Tudo o que poderia ser feito na pregação já foi realizado. Os ouvintes estão prontos para o encerramento. São as últimas palavras para que se rendam à vontade e às propostas do pregador. Nesta última etapa, ele pedirá que os ouvintes reflitam ou ajam de acordo com a mensagem proposta.

A conclusão se divide em duas partes: recapitulação e epílogo.

Recapitulação

Para que os ouvintes possam refletir ou agir de acordo com a vontade do pregador é importante que tenham entendido bem a mensagem. Por isso, ao iniciar a conclusão, uma boa estratégia é fazer uma recapitulação. Recapitular não significa repetir a mensagem em todos os detalhes, não pressupõe repetir toda a pregação, mas sim contar rapidamente, em poucas frases, normalmente em uma ou duas, a essência da mensagem transmitida.

Na verdade, é o caminho inverso percorrido pelo pregador. Na proposição, explicou em uma ou duas frases sobre o que iria falar. Na recapitulação, resume em uma ou duas frases o que acabou de falar. Essa é uma regra simples, prática e eficiente para usar em todas as circunstâncias: contar sobre o que vai falar, falar e depois contar sobre o que falou.

No exemplo a seguir o pregador norte-americano Charles Grandison Finney, no sermão "Mordomia", usa poucas frases para recapitular a essência da mensagem que acabou de transmitir. Em sua pregação, Finney inicia afirmando que os homens são mordomos de Deus. Por isso, devem fazer tudo para a glória dEle. E quem não age assim será pecador. Depois de apresentar todos os argumentos para confirmar sua tese, antes de encerrar, faz uma recapitulação, resgatando os pontos mais relevantes expostos desde o princípio, como o fato de os cristãos terem de agir, viver, comer, beber e até morrer para a glória de Deus:

> Outra vez ainda. Temos aqui o verdadeiro teste do caráter cristão. Os verdadeiros cristãos se consideram mordomos de Deus. Eles agem para Ele, vivem para Ele, administram os bens em favor dEle, comem e bebem para a glória

> dEle, vivem e morrem para agradá-Lo. Mas os pecadores hipócritas vivem para si mesmos. Eles consideram o tempo, os talentos, a influência que têm como deles mesmos e dispõem de tudo para os próprios interesses e assim se afundam em destruição e perdição.

Após essa recapitulação, Finney parte para a última etapa do sermão, que é o epílogo. Como vamos estudar essa parte da pregação logo a seguir, veja de forma resumida como foi sua conclusão:

> No julgamento, somos informados de que Cristo dirá aos que são aceitos: "Bem está, servo bom e fiel". Ouvinte! Que Ele verdadeiramente possa dizer de você: "Muito bem, servo bom e fiel. Você foi fiel no pouco" (Mt 25,21), ou seja, sobre as coisas entregues à sua incumbência. [...] Você está pronto para ter as contas examinadas, sua conduta esmiuçada e sua vida pesada na balança do santuário? [...] Se não, arrependa-se [...]; pois, escute! Uma voz clama em seus ouvidos: "Presta contas da tua mordomia, porque já não poderás ser mais meu mordomo".[51]

Epílogo

Estando os fiéis mais conscientes sobre a mensagem que acabaram de ouvir pela recordação feita na recapitulação, o pregador pode agora se valer da mensagem mais emocional, do patético para envolvê-los definitivamente.

---

51 Finney *apud* Macartney, *op. cit.*, p. 266.

Neste momento final, usará mais emoção, mais entusiasmo, falará com volume de voz mais elevado, apelará para os sentimentos. Interpretará sua própria verdade para comunicar o sentimento de tristeza ou de alegria. Utilizará pausas mais expressivas, gestos mais veementes e ritmo mais acentuado.

Não que a emoção tenha lugar apenas na conclusão. Durante toda a pregação ela deverá atuar na comunicação, mas é no final que precisará aflorar de maneira mais intensa. Ao partir para o desfecho, o pregador deve se concentrar e estar preparado para transmitir uma mensagem arrebatadora.

Neste "Sermão sobre a maledicência", Francisco do Monte Alverne dá um bom exemplo de conclusão. Ele encerra sua pregação convocando os fiéis para que peçam a Deus forças para vencer a soberba de seus corações e que prometam a Ele se reconciliar com o próximo:

> Porque motivo quereis, ó meus irmãos, inutilizar os esforços, que Jesus Cristo empregou para nos reconciliar consigo, facilitando a nossa reconciliação com o próximo? Quando Jesus Cristo, a ponto mesmo de expirar, invoca a misericórdia de seu Pai celeste sobre os ingratos, que esqueceram os prodígios de sua beneficência, quando ele aceita as lágrimas do discípulo, que o nega publicamente; quando ele não recusa o nome de amigo ao pérfido que abusara de sua confiança, para entregá-lo a seus perseguidores; não aproveitareis o momento de apaziguar o vosso próximo restituindo-lhe o que injustamente roubastes? Não permita Deus, que endureçais o vosso coração às suas graças. Empenhai, ó meus irmãos, empenhai o valor d'esse sangue, que Jesus Cristo

derramou para vos salvar: seja ele o penhor de vossa regeneração: seja ele o fiador da verdade das vossas promessas. Dizei comigo: Meu Deus, meu Jesus, meu Salvador! Nós obedecemos à vossa lei; nós confiamos na vossa palavra. Vós sois nosso Pai, mas sois também nosso Juiz. Recebei, Senhor, o sacrifício de nossa vontade: nós prometemos empregar todos os nossos esforços para nos reconciliarmos com o nosso próximo. Nós depositamos em vossas mãos os nossos interesses, e a nossa vingança: mas dai-nos forças para vencer a soberba de nosso coração. Nós respeitaremos a honra do nosso irmão: nós o amaremos com toda sinceridade. Perdoai-nos, Senhor, porque nós perdoamos aos nossos inimigos: perdoai-nos, Senhor, porque estamos prontos a reparar o mal, que temos causado com a nossa maledicência. Seja a vossa morte a esperança de nossa conversão: seja a vossa cruz o testemunho de vossa bondade. Nós nos abandonamos ao vosso amor, à vossa ternura, e à vossa infinita misericórdia.[52]

52 Monte Alverne, *op. cit.*, pp. 72-73.

Como montar a pregação

Vimos toda a disposição das partes da pregação, desde o exórdio até a conclusão. Foi alertado também que a introdução será elaborada em último lugar. Não só o início, mas todas as etapas obedecem a uma ordem diferente na fase da elaboração. Esse planejamento ajuda o pregador a construir essas etapas de acordo com a cabeça, a forma de pensar dos ouvintes.

a) Saiba antes qual é o assunto

Ao montar a pregação, a primeira atitude é identificar o assunto a ser tratado e o objetivo a ser atingido. Tendo consciência do assunto e do que deseja conquistar com ele, será possível refletir sobre quais os procedimentos a serem tomados para ser bem compreendido pelos fiéis.

b) Planeje a narração

Após identificar o assunto e o seu objetivo, o pregador pode pensar em como agir para ser bem entendido. Se o objetivo for solucionar um problema, por exemplo, terá de encontrar uma forma eficiente de contar o problema para que os ouvintes entendam com mais facilidade as propostas da pregação. O problema será contado com mais ou menos detalhes, mais ou menos profundidade, mais ou menos emoção? Enfim, como o problema será exposto para que a solução seja compreendida com mais facilidade.

c) Prepare a proposição

Agora que o pregador já sabe como será a narração, qual o problema, a forma usada para exemplificar e como apresentará a solução, estará em condições de optar pela maneira mais adequada de contar em uma frase ou duas o assunto que será desenvolvido.

d) Escolha a ilustração

Neste momento, o pregador já saberá se a mensagem precisa ou não de uma ilustração para ser aclarada e mais bem compreendida pelo público.

e) Decida-se pela conclusão

Depois de elaborar todas as etapas, desde a preparação até a ilustração, será possível tomar a melhor decisão para concluir.

f) Faça o exórdio

Vale a pena insistir: o exórdio é a última etapa a ser elaborada. Se, por exemplo, o pregador descobrir na preparação das outras partes que haverá resistência dos ouvintes com relação ao assunto a ser abordado, terá consciência de que no início da pregação precisará tocar nos pontos que tem em comum com a forma de pensar do público até que se desarmem de suas resistências. Essa decisão só poderá ser tomada depois de avaliar qual será o assunto, seu objetivo e se encontrará ou não objeções dos fiéis.

Feito o planejamento a partir do assunto central com seus objetivos, sabendo passo a passo como cada etapa deve ser elaborada até chegar à introdução, haverá uma organização lógica do raciocínio, considerando o conhecimento e as necessidades dos ouvintes.

Por fim, é só colocar na ordem normal da pregação: introdução, preparação, assunto central e conclusão.

Uma reflexão para encerrar

Em um dos eventos do nosso curso de expressão verbal, recebemos a visita de um dos maiores oradores da história do país, o ex-presidente Jânio Quadros. Em seu discurso, ele abordou um tema relevante e controvertido, as diversas intenções para o uso da palavra:

> A palavra é extraordinariamente poderosa. Ela é dúctil. Ela pode ser boa e pode ser má. Ela pode ser suave e pode ser áspera. Ela pode ser franca e pode ser velada. Ela pode ser honesta e pode ser malévola. A palavra em si tem mesmo o fogo da inspiração divina. Mas a palavra é a Bíblia também. Leiamo-la no Velho Testamento e no Novo Testamento. A palavra levou os profetas a divulgarem a advinda de Cristo, e a palavra levou os apóstolos a anunciarem a sua morte e a sua glorificação. A palavra permitiu ao apóstolo João escrever o Apocalipse, que temos dificuldade para interpretar até hoje, pois nem sempre sua leitura é compreensível. De sorte que as palavras podem ser temíveis, sim, e podem voltar-se contra quem as utilize. Elas são armas de dois gumes. Daí o

> cuidado que devemos ter no usá-la, esse dom divino não nos veio gratuitamente, ele nos veio com a razão, com a experiência e com o estudo.[53]

E como justificar o estudo da retórica se nem sempre a arte de falar em público serve para o bem? Quem ajuda a esclarecer essa dúvida é Santo Agostinho. Em sua obra *A doutrina cristã*, ele defende o estudo e a capacitação para falar em público:

> É um fato que, pela arte da retórica, é possível persuadir o que é verdadeiro como o que é falso. Quem ousará, pois, afirmar que a verdade deve enfrentar a mentira com defensores desarmados? Seria assim? Então, esses oradores, que se esforçam para persuadir o erro, saberiam desde o proêmio conquistar o auditório e torná-lo benévolo e dócil, ao passo que os defensores da verdade não o conseguiram?

Depois de levantar até de forma irônica esse questionamento, Agostinho repete o argumento com termos diferentes, mostrando indignado antes a vantagem de quem usa a palavra para o mal sem ser contestado, já que os oponentes não estariam capacitados para a defesa do bem e da verdade:

> Aqueles apresentariam a verdade de maneira a torná-la insípida, difícil de compreensão e finalmente desagradável de ser criada? Aqueles, por argumentos falaciosos,

53 QUADROS, Jânio *apud* POLITO, Reinaldo. *Como falar corretamente e sem inibições*. São Paulo: Saraiva, 2016, p. 153, áudio faixa 13.

> atacariam a verdade e sustentariam o erro, e estes seriam incapazes de defender a verdade e refutar a mentira?

Com afirmações mais contundentes, resvalando no patético, ainda mais indignado, Agostinho insiste na defesa de sua tese. Observe como suas palavras, sem abandonar o tom irônico, são agora mais duras. Se havia alguma dúvida sobre suas ponderações, este seria o golpe final:

> Aqueles, estimulando e convencendo por suas palavras os ouvintes ao erro, os aterrorizariam, os contristariam, os divertiriam, exortando-os com ardor, e estes estariam adormecidos, insensíveis e frios ao serviço da verdade? Quem seria tão insensato para assim pensar?

Após alinhavar suas ponderações, levanta uma reflexão e conclui afirmando que os maus fazem uso da palavra para que suas causas perversas e mentirosas triunfem:

> Visto que a arte da palavra possui duplo efeito (o forte poder de persuadir seja para o mal, seja para o bem), por qual razão as pessoas honestas não poriam seu zelo a adquiri-la em vista de se engajar ao serviço da verdade? Os maus põem-na ao serviço da injustiça e do erro, em vista de fazer triunfar causas perversas e mentirosas.[54]

Assim deve o pregador encarar o estudo da oratória. Este é e sempre deverá ser o percurso no estudo da retórica. É preciso desenvolver a arte de falar em público com afinco

54 Agostinho, *op. cit.*, pp. 208-09.

e determinação a fim de se capacitar para enfrentar a falsidade, a mentira e a dissimulação. Caso contrário, aqueles que a dominarem para o mal, sem encontrar adversários à altura, farão prevalecer suas teses.

A pregação, como sabemos, é a própria palavra de Deus transmitida pelo pregador. Por isso, é sua a obrigação de estudar a Bíblia, respeitar e ser bondoso com os fiéis, ser reto na sua conduta e se apaixonar pelo púlpito. Não serão poucos os momentos de dúvida, de receio, de sentimento de impotência. Cada pregação será um novo desafio. Cada obstáculo vencido, entretanto, trará a alegria do dever cumprido, de se sentir digno de pregar a Sua palavra.

Em certas ocasiões o resultado talvez não seja o desejado; esses momentos devem servir de reflexão e estímulo para que nas próximas vezes ele seja continuamente melhor e mais profícuo. Os receios e momentos de desânimo do pregador terão como remédio sempre as orações. Orar para que Deus dê forças, inteligência e determinação. Orar para agradecer as conquistas e as oportunidades de aprendizado para ser a cada dia um bom representante de Deus. Que Ele o abençoe.

Referências bibliográficas

Agostinho, Santo (2002). *A doutrina cristã: Manual de exegese e formação cristã.* São Paulo: Paulus.

Almeida, João Ferreira de (1957). *A Bíblia sagrada.* Rio de Janeiro: Imprensa Bíblica Brasileira.

Andrade, Carlos Drummond de (1967). *Obra completa.* Rio de Janeiro: Aguilar.

Aristóteles. (s.d.). *Arte retórica e arte poética.* Rio de Janeiro: Tecnoprint.

Barth, Karl (s.d.). *Interpreting Newspapers from Your Bible.* Disponível em: <http://www.garrett.edu/interpreting-newspapers-your-bible>. Acesso em: out. 2016.

Bernardes, Manuel (1762). *Sermões e práticas.* Lisboa: Oficina de Antonio Rodrigues Galhardo.

_____. (s.d.). *Nova floresta.* Porto: Lello & Irmão.

Bousset. (1909). *Orações fúnebres e panegíricos.* Rio de Janeiro: H. Garnier.

Bueno, Silveira. (1933). *A arte de falar em público.* São Paulo: Revista dos Tribunais.

Calvino, João (2016). *A pura pregação da palavra de Deus.* Ed. William Teixeira, Versão Kindle.

DIAS, José de Oliveira (1955). *Novo curso de oratória sagrada.* Petrópolis: Vozes.

FREIRE, Junqueira. (1869). *Elementos de rehetorica nacional.* Rio de Janeiro: Eduardo e Henrique Laemmert.

GRAHAM, Billy. (2011). *A caminho de casa.* São Paulo: Europa. Versão Kindle.

KIRST, Nelson (1985). *Rudimentos de homilética.* São Leopoldo: Sinodal.

LOPES, Roberto Belarmino (1958). *Monte Alverne, pregador imperial.* Petrópolis: Vozes.

LUTHER KING JR., Martin (s.d.). *Unfulfilled Dreams.* Disponível em Stanford University: <http://kingencyclopedia.stanford.edu/encyclopedia/documentsentry/doc_unfulfilled_ dreams. Acesso em: out. de 2016.

MACARTNEY, Clarence. E. (2015). *Grandes sermões do mundo.* Rio de Janeiro: CPAD.

MONTE ALVERNE, Francisco do (s.d.). *Obras oratórias.* Rio de Janeiro: Garnier.

MONEGAL Y NOGUÉS, Esteban. (1923). *Compendio de oratoria sagrada.* Barcelona: Imprenta de Eugenio Subirana.

NIERENBERG, Gerard; CALERO, Henry (1986). *How to Read a Person Like a Book.* Thorson: Welling Borough.

PERELMAN, Chaim; OLBRECHTS-Tyteca, Lucie (2014). *Tratado de argumentação.* São Paulo: Martins Fontes.

PIENLZENAUCO, Luiz (coord.) (1857). *Sermões do monsenhor Joaquim da Soledade Pereira.* Niterói: Typographia de Quinino & Irmão.

POLITO, Reinaldo (2010). *Assim é que se fala: Como organizar a fala e transmitir ideias.* São Paulo: Saraiva.

POLITO, Reinaldo (2016). *Como falar corretamente e sem inibições.* São Paulo: Saraiva.

_____; POLITO, Rachel. (2015). *29 minutos para falar bem e conversar com desenvoltura.* Rio de Janeiro: Sextante.

QUINTILIANO, Marco Fabio (1944). *Instituições oratórias.* Trad. José de Sousa Barbosa. São Paulo: Edições Cultura.

ROQUETE, José Ignacio (1878). *Manual de eloquência sagrada.* Paris: Vª J.-P. Aillaud, Guillard e Cª, – Livreiros de suas majestades – o Imperador do Brasil e el-Rei de Portugal.

SKIPWITH, Thomas (2014). *The little book of speaking off the cuff: Impromptu speaking. Speak unprepared without fear!* Suíça: Descubris Press.

SPURGEON, Charles Haddon. (2016). *Milagres e parábolas do Nosso Senhor.* Trad. Jurandy Bravo, Lilian Jenkino e Emirson Justino) São Paulo: Hagnos.

TUBBS, Stewart; MOSS, Sylvia (1987). *Human Communication.* New York: Random.

VIEIRA, Antônio. (2000). *Sermões.* 2 vols. São Paulo: Hedra.

WARREN, Rick (s.d.). *Why Evangelism Should Focus on Receptive People.* Disponível em: <http://pastors.com/why-evangelism-should-focus-on-receptive-people>. Acesso em: nov. 2016.

Os autores

Reinaldo Polito

Professor de Expressão Verbal, palestrante e escritor.

Mestre em Ciências da Comunicação.

Pós-graduado com especialização em Comunicação Social e em Administração Financeira.

Formado em Ciências Econômicas e Administração de Empresas.

Atua como professor de oratória para executivos, políticos e profissionais liberais desde 1975.

Professor de Competência Verbo-Gestual no Trabalho da Imagem Pública e Oratória em diversos cursos de pós-graduação na ECA-USP e na FECAP.

Foi professor de Oratória nos cursos de pós-graduação da FAAP e da Cásper Líbero.

Atua ou já atuou como colunista sobre comunicação, carreira e comportamento nas revistas *Vencer*, *Seu Sucesso*, *Brazilian Press*, *Você S. A.*, *Segmento*, *Ser Mais*, *Slac*, *Superpedido* e *GoWhere Business*, e nos jornais *Tribuna Impressa de Araraquara* e *Diário de Taubaté*.

Atua ou já atuou como colunista de comunicação, comportamento e carreira no UOL, na Agência Estado, no *Primeiro Programa* da Rádio Transamérica e no programa *Trilha Profissional* da Rádio USP.

Presidente e membro titular da Academia Paulista de Educação.

Membro titular e fundador da Academia Araraquarense de Letras.

Presidente da ONG Via de Acesso.

Atuou como apresentador do programa de entrevistas *Masters – Falando com Polito*, na Rede de televisão JBN TV.

Coordenador do segmento audiolivros e da série Superdicas publicados pela Editora Saraiva, da Série I Superconsigli publicada pela Editora Italianova, na Itália e da série 29 minutos publicada pela Editora Sextante.

É autor de 28 obras sobre a arte de falar em público, entre elas: *Como falar corretamente e sem inibições* (obra no gênero mais vendida na história do país), *Assim é que se fala: Como organizar a fala e transmitir ideias*, *Vença o medo de falar em público*, *Superdicas para falar bem em conversas e apresentações* (um dos dez livros mais vendidos no Brasil durante todo o ano de 2006 - Revista Veja), *Oratória para advogados e estudantes de Direito*, *Conquistar e influenciar para se dar bem com as pessoas*, *As melhores decisões não seguem a maioria* e *29 minutos para falar bem em público e conversar com desenvoltura.*

Seus livros venderam mais um 1,4 milhão de exemplares, permaneceram longo tempo nas listas dos mais vendidos e foram publicados em países de praticamente todos os continentes.

O professor Reinaldo Polito ministra o curso de Expressão Verbal na rua Mariano Procópio, 226, Vila Monumento – São Paulo – SP – Brasil – CEP 01548-020.

Tel.: +55 (11) 2068-7595
www.polito.com.br
contatos@reinaldopolito.com.br

Rachel Polito

Atua na área de comunicação há mais de vinte anos. Diretora e instrutora do curso de Expressão Verbal Reinaldo Polito. Ministra treinamentos de comunicação verbal e técnicas de apresentação em português e em inglês.

Professora de Comunicação Oral nas Organizações nos cursos de pós-graduação em Gestão Corporativa, na ECA-USP.

Mestre em Comunicação e Consumo pela ESPM.

Master em Tecnologia Educacional – FAAP.

Especializada em Planejamento Estratégico pela Regis University.

Facilitador em criatividade pela FAAP.

Pós-graduada em marketing pela ESPM.

Training instructor (ênfase em Dealing with difficult learners) pela The training clinic, Los Angeles.

Formada em comunicação social pela FAAP.

É autora das obras: *Superdicas para um trabalho de conclusão de curso nota 10* (publicado também na Itália com o título *I superconsigli per una tesi di laurea da 110 e lode*) e *29 minutos para falar bem em público e conversar com desenvoltura.*

É coautora da obra *Perspectivas teóricas em comunicação e consumo: Continuando o debate.*

A professora Rachel Polito ministra o curso de Expressão Verbal na rua Mariano Procópio, 226, Vila Monumento, São Paulo – SP – Brasil – CEP 01548-020.

Tel.: +55 (11) 2068-7595

www.polito.com.br

contatos@reinaldopolito.com.br

Leia também!

A ARTE DE LIDAR COM PESSOAS
– Jamil Albuquerque

Este livro se propõe a unir a capacitação e o humanismo, transformando a inteligência interpessoal numa grande vantagem competitiva. A obra deve ser uma espécie de caixa de ferramentas, que se pode abrir e usar em qualquer situação, basta ter iniciativa para agir e fazer com que os resultados apareçam.

SABEDORIA PARA VENCER
– William Douglas

Este livro traz textos bíblicos, organizados por assunto, selecionados para momentos difíceis. Sempre com comentários devocionais ou mensagens motivacionais, aborda as dificuldades mais comuns de nossas vidas e os meios para lidar com elas. Também contém o livro de Provérbios, escrito por Salomão, considerado o homem mais sábio de todos os tempos e cujas orientações podem ajudar você a enfrentar seus problemas. Por fim, você também encontrará aqui alguns Salmos do Rei Davi e artigos com orientações para a vida pessoal, profissional e financeira.

O ÓBVIO QUE IGNORAMOS
– Jacob Petry

Usando exemplos concretos de pessoas como Gisele Bündchen, Sylvester Stallone, John Kennedy, entre muitos outros, o autor nos mostra o que diferencia as pessoas com resultados extraordinários das demais princípios simples e óbvios, mas geralmente ignorados pela maioria. Pessoas de sucesso seguem uma lógica óbvia e simples, mas muito poderosa. Ao colocar luz sobre essa lógica, Jacob Petry oferece um fascinante padrão de atitudes que facilmente pode ser aplicado por qualquer um que queira explorar ao máximo seu potencial.

Este livro foi composto em Adobe Garamond e Bliss Pro e impresso
pela RR Donnelley para a Editora Planeta do Brasil
em fevereiro de 2017.